Heinrich G. Neuhaus

Käsesorten aus Europa

HEINRICH G. NEUHAUS

KÄSESORTEN AUS EUROPA

MIT 334 FARBABBILDUNGEN

HUGO MATTHAES
DRUCKEREI UND VERLAG GMBH & CO. KG

ISBN 3-87516-622-1

Fotos: Seiten 16 bis 19 Schweizer Käseunion; alle weiteren Fotos Studio Neuhaus, Nürnberg

Printed in Germany

Herstellung einschließlich der Reproduktionen: Hugo Matthaes Druckerei und Verlag GmbH & Co. KG

Inhaltsverzeichnis

Hinweise – Erklärung der Zeichen 6
Einleitung 7
Allgemeines vom Käse 9
Rohmilchkäse 13
Labkäse 13
Frischkäse 15
Weichkäse 15
Edelschimmelkäse 16
Schnittkäse 16
Hart- und Extrahartkäse 16
Feta-Lakekäse 17
Sauermilchkäse 17
Fett im Käse 18
Käse richtig lagern – Käse richtig teilen 21
Schnittarten für Käselaibe 22
Portionieren 25
Welcher Wein zu welchem Käse 26
Das Anrichten von Käse 31
Käse zum Dessert 32
Die Käsesorten in Wort und Bild 35
- Weichkäse 36
- Frischkäse 67
- Blauschimmelkäse 94
- Schnittkäse 106
- Hartkäse 154
- Sauermilchkäse 190
- Feta-Käse 194

Register 198

Hinweise

Dank

An dieser Stelle dankt der Autor all den Firmen, Organisationen und Einzelpersonen, die ihm bei der Beschaffung der Käsesorten und bei der Zusammenstellung der Texte unterstützt haben.

Bedeutung der Symbole

Aus Kuhmilch hergestellt

Aus Schafsmilch hergestellt

Aus Ziegenmilch hergestellt

Milch wird roh verwendet

Milch wird pasteurisiert verwendet

Zum Dessert geeignet

Zum Überbacken geeignet

Zum Kochen geeignet

Für Salat geeignet

Zum Hobeln und Reiben geeignet

Zu diesem Buch

Ein Käselexikon sollte es werden, und es wurde ein Buch über Käsesorten aus Europa.

Das durchaus verlockende Projekt, ein sachliches Lexikon zusammenzustellen, das alle Sorten von Käse, wenn schon nicht im Bild, so doch wenigstens textmäßig aufführt, wurde bald fallengelassen.

Bei den ersten näheren Erfahrungen stellte es sich heraus, daß allein in Europa weit über 2500 Käsesorten hergestellt werden und namentlich bekannt sind. Bekannt sein heißt nun aber nicht, daß man jeden Käse an jedem Ort in Europa erhalten kann. Denn trotz der ausgeklügelten Transportsysteme vom Nordkap bis Sizilien, von Lissabon bis nach Osteuropa gibt es noch genug Hindernisse für den Transport eines zuweilen sehr empfindlichen Produkts, wie es der Käse ist. Hinzu kommt, daß oftmals die Herstellung in solch geringen Mengen erfolgt, daß an einen Verkauf über die engere Heimatregion hinaus nicht zu denken ist.

Es sei mir nachgesehen, wenn ich aus der Fülle des Angebotes nur die Käsesorten auswählte, die mir als geeignete Beispiele erschienen.

Nimmt man als Exempel einmal die Sorte, die durch ihr Aussehen Käse schlechthin symbolisiert, nämlich den Emmentaler, oft auch Schweizer Käse genannt; nicht nur in fast allen Ländern Europas wird er hergestellt, sondern auch in Übersee: in Amerika, Australien, Neuseeland, Südafrika und in Ostasien. Daß es da Geschmacksunterschiede gibt und Abweichungen in der Farbe, ist ganz natürlich. Trägt er aber den Namen Emmentaler, so muß er, wenn es sich nicht um den original „Schweizer Emmentaler“ handelt, zumindest in Europa mit einem Zusatz, wie z. B. Allgäuer oder finnischer Emmentaler oder nach Schweizer Art, bezeichnet werden.

Anders bei vielen der in den Farbbildern dargestellten Käse und deren Beschreibung; Käse, die unter dem beschriebenen Namen oder ähnlichen angeboten werden, sind meist sortengleich und unterscheiden sich nicht selten nur leicht in der Farbe, Geschmack und Qualität, fast immer in der Ausstattung des jeweiligen Herstellers. Der Käse ist – und daran ändert sich auch nichts, wenn seine Produktion in vielen Fällen von der Sennhütte oder dem Bauernhof in fabrikmäßige Anlagen abgewandert ist – ein Naturprodukt mit all seinen Vor- und Nachteilen.

Die Angaben über Herkunft und Zustand der Milch, Fettgehalt, Haltbarkeit und auch Geschmack wurden mir zum Teil von den Herstellern oder Händlern geliefert. Aber gerade, was den Geschmack anbetrifft, habe ich mich sehr oft selbst davon überzeugt. Und das hat mir viel Freude bereitet. Daß Käse und Wein gut zusammenpassen, ist nicht meine Entdeckung. Aber ich konnte mich immer wieder von der Richtigkeit dieser These überzeugen und darf bekennen, daß ich, auch nach der enormen Menge der probierten Käsesorten, immer noch ein Käseliebhaber bin, aber durch die Arbeit an diesem Buch ein kundiger Käseliebhaber.

Und das wünsche ich allen, die dieses Buch in Händen halten.

Heinrich G. Neuhaus

Italienische Käse

Allgemeines vom Käse:

Käse ist sicher eines der ältesten Lebensmittel, die wir kennen.

Milch wurde im 7. Jahrhundert vor Christus zum ersten Mal erwähnt und wurde aller Wahrscheinlichkeit nach schon damals zur Käseherstellung verwendet.

Von der geronnenen Milch, dem Quark, ist der Weg nicht weit zu dem, was wir heute als Käse bezeichnen.

3000 v. Chr. ist eine Darstellung der Sumerer in Mesopotamien entstanden, auf der das Melken einer Kuh, das Durchseihen der Milch und die Butterzubereitung gezeigt werden. Es ist anzunehmen, daß zu dieser Zeit auch die weitere Verarbeitung der Milch zu Käse bzw. zu käseähnlichen Produkten längst bekannt war.

Neben der Kuh, die bald auch als Arbeitstier verwendet wurde, liefern Schafe und Ziegen Milch.

In der Antike war Käse ein Hauptnahrungsmittel der Griechen und Römer.

Käse war auch Handelsware im heutigen Oberitalien, in Frankreich, in der Schweiz, in Österreich und in Süddeutschland.

161 n. Chr. soll Kaiser Antonius Pius am übermäßigen Genuß des von ihm so geliebten Käses gestorben sein. Um Wucherpreise im alten Rom zu unterbinden, wurden 301 n. Chr. unter Kaiser Diokletian Höchstpreise für Käse vorgeschrieben. In späteren Jahren waren es hauptsächlich die Klöster, in denen die Käseherstellung kultiviert wurde.

Schon im Jahre 1000 n. Chr. wird der Schweizer Schabziger und der französische Roquefort erwähnt. Ihnen folgen im 11. Jahrhundert der Edamer, im 12. Jahrhundert der Chester in England, dann der Parmesan, Gorgonzola, Taleggio und der Sbrinz, bald darauf der Emmentaler.

Die regionalen, klimatischen und landschaftlichen Gegebenheiten waren die Voraussetzungen der im Laufe der Zeit sich entwickelnden Sortenvielfalt der heutigen Käse.

Das Reifen in Kellern und Höhlen, das Erhitzen der Milch trugen zur Haltbarmachung der Käse bei. Salz konserviert den Käse, und so entstanden Hartkäse wie Parmesan, oder man verhinderte mit Salz die Reifung wie bei dem heute so beliebten Feta-Käse.

Die Erzeugung der Käse war weit bis in das 19. Jahrhundert auf die Bauernhöfe, Klöster oder Schwaigen (Almen) beschränkt; er wurde für den Eigenbedarf, zur Grundabgabe oder auch zum Tausch hergestellt. Die immer größer werdende Milchproduktion ließ dann kleine Molkereien entstehen.

Die Zucht von besseren Milchkühen bis hin zur heutigen Hochleistungskuh, aber auch das sich entwickelnde, verbesserte Transportwesen machten den Käse zur weltweiten Handelsware.

Die Sortenvielfalt und verbesserte Qualität regten den Verbrauch an.

Spanische Hartkäse

Lange bevor die Idee des vereinten Europa geboren war, verständigten sich die großen käseproduzierenden Länder auf zumindest ähnliche Vorschriften der gesetzlichen Bestimmungen bei Herstellung, der Definition, Kennzeichnung, Fettgehaltsstufen und Qualitätsstufen für die Käseherstellung. Hierbei einigte man sich auch auf viele Käsestandards, die vorschreiben, was unter bestimmten Käsenamen hergestellt und vertrieben werden darf.

Das sich vereinigende Europa mit seinen geöffneten Grenzen wird das Angebot, das heute schon fast unübersehbar ist, noch erweitern.

Jeder Käsehersteller bringt jetzt schon eine Vielfalt von Variationen seiner Produkte auf den Markt. All diese Sorten aufzuführen oder abzubilden, ist fast unmöglich. In diesem Buch wurde versucht, neben den Standardsorten einige der vielen, oft sehr ähnlichen Käse darzustellen und zu beschreiben. Ganz bewußt wurde verzichtet, Schmelzkäse, auch sogenannte Regalware, darzustellen, da es sich bei letzteren meist nur um Variationen der angeführten Käse handelt.

Heute werden in allen Ländern Europas Käse erzeugt und exportiert. Zu den klassischen Ländern der Käsezubereitung sind vor allem die Schweiz, die Niederlande, Italien, Spanien, Deutschland und natürlich Frankreich mit seiner unwahrscheinlichen Vielfalt von Käsesorten genannt.

England, wo auch schon eine alte Käsetradition vorhanden ist, hatte bisher außer seinen berühmten Stilton und Chester wenige Käse für den Export in europäische Länder.

Inzwischen können sich auch Länder wie Dänemark, Finnland, Norwegen und Österreich im großen Käsegeschäft fest behaupten.

Ist es die Gesundheitswelle oder der Verdienst der Werbung, daß der Käsekonsum um ein Vielfaches gestiegen ist? Sicher ist jedenfalls, daß die Milchproduktion noch nie so hoch war.

Mit dem steigenden Konsum werden auch die Ansprüche größer. Werden Käsesorten, die in alter Tradition hergestellt werden, sich weiter so gut behaupten können, wird der Trend zum Rohmilchkäse anhalten und so die vielen kleinen Käsereien überleben, oder wird die Automation auch diesen alten Handwerkszweig zum Aussterben verurteilen?

Der Käse in Europa wird hergestellt aus:

Kuhmilch
Schafsmilch
Ziegenmilch
Büffelmilch

Die Kuhmilch nimmt den Hauptanteil ein. Aus all diesen Milcharten werden sämtliche Käsesorten hergestellt. Das Gesetz in allen europäischen Ländern besagt, daß Käse „nur aus Milch“ hergestellt werden darf.

Französische Rohmilchkäse

Rohmilchkäse

Von Maître Affineur Gerhard Waltmann

Rohmilchkäse, auf französisch „au lait cru“, war vor Jahren in Deutschland ein noch unbekannter Begriff. Doch durch immer höher gestellte Ansprüche der Verbraucher hat nun der Rohmilchkäse gegenüber dem pasteurisierten Käse seine Liebhaber gewonnen, und ihre Zahl steigt ständig.

Was ist nun der Unterschied?

Der Rohmilchkäse wird, wie sein Name schon ausdrückt, aus roher, lebendiger, in ständiger Entwicklung befindlicher Milch mit natürlichen Bakterien und Mikroorganismen hergestellt. Daß Hygiene und bakteriologisch einwandfreie Milch oberstes Gebot sind, ist bei den Erzeugern selbstverständlich.

Die Originalflora des Käses bleibt erhalten und gibt dem Käse dadurch ein typisches Aroma und den Geschmack der jeweiligen Herkunft bzw. Landschaft wieder.

Rohmilchkäse wird heute fast nur noch auf kleinen Bauernhöfen handwerklich hergestellt.

Käse aus pasteurisierter Milch

Auf Grund der Konzentrierung der industriellen Produktion, der zurückzulegenden großen Entfernungen mit Containern und Tankwagen, der Lagerung, der Haltbarkeit und des späteren Verkaufs wird die Milch pasteurisiert. Das bedeutet, sie wird rasch auf mindestens 65 °C erhitzt und ebenso schnell abgekühlt. Dieses Verfahren hat zur Folge, daß zuerst die hitzeempfindlichen und danach die wärmeliebenden Bakterien verschwinden. Durch diesen Vorgang muß die natürliche Mikrofauna und die verschiedenen Pilzkulturen durch Penicillium candidum und/oder Penicillium glaucium ersetzt werden. Das hat zur Folge, daß Geschmack und Duft des pasteurisierten Käses Schaden erleiden und er seinen, der rohen Milch eigenen Charakter verliert.

Labkäse

Zu den Labkäsen gehören Hartkäse, Schnittkäse, Halbfestschnittkäse und Weichkäse sowie Labfrischkäse. Sie brauchen zur Dickung der Milch (Vorstufe der Käseherstellung) einen Zusatz von Labenzym, das aus dem Magen von Kälbern gewonnen wird und die Milch zur Gerinnung bringt. Dieses Lab kann auch ersetzt werden durch Bakterien oder aber Pflanzen wie Artischocken, Feigenbaum oder das Labkraut. Zusätzlich werden noch andere Milchsäurebakterien benötigt, um Reife, Geschmack und Aroma zu beeinflussen.

Alle Labkäse brauchen verschiedene Reifezeiten, um den Käse genußreif zu machen. Temperatur und Feuchtigkeit sind bei diesem Reifeprozeß von unterschiedlicher, aber durchaus wichtiger Bedeutung.

Französische Käse

Frischkäse

Frischkäse sind ungereifte Milcherzeugnisse, die unmittelbar nach ihrer Herstellung genießbar sind, wie zum Beispiel der Speisequark. In den verschiedensten Fettstufen ist er auch die Grundlage vieler Frischkäsezubereitungen.

Schichtkäse und körniger Frischkäse sind eigenständige Frischkäseerzeugnisse, die auch zum Teil in einer weiteren Verarbeitung zu Frischkäsevariationen Verwendung finden.

Neben dem Rahm- und Doppelrahmfrischkäse aus Kuh-, Schafs- und Ziegenmilch sind es auch Käse aus Molke dieser Milcharten sowie der Molkeneiweiß- und Ziegerkäse, die zu den Frischkäsen gehören.

Obwohl der Mozzarella genaugenommen ein Knetbrühkäse ist, wird auch er zu den Frischkäsen gezählt.

Ein großer Teil dieser Frischkäse ist im gereiften Zustand bei den Weich- und Schnittkäsen zu finden.

Das Angebot an Frischkäsen ist fast unübersehbar, vor allem bei den Frischkäsezubereitungen, deren Angebot sich fast täglich erweitert.

Weichkäse

Bei den Weichkäsen unterscheidet man: Weichkäse mit Rotschmiere, Weichkäse mit Schimmel und Weichkäse mit Rotschmiere, die später von einer weißen Edelschimmelschicht überlagert wird.

Weichkäse reifen verhältnismäßig rasch, ihre Reifung vollzieht sich von außen nach innen.

Meist zeigen sie erst mit zunehmender Reife eine weiche Konsistenz, wobei sich oft ein fester Kern im Inneren des Teiges nur allmählich verliert.

Die Oberflächenflora von Weichkäse mit Schmiere wird vorwiegend mit Bacterium liners behandelt und ist daher mehr oder weniger feucht (schmierig). Oft werden diesen Käsen nach besonderen Rezepten hergestellte Mittel beigefügt, um die Haltbarkeit und den Geschmack zu beeinflussen.

Die Käse mit der Käserotflora, Rotschmierekäse genannt, haben ein gelbliches bis rotbraunes Äußeres. Bei einigen wächst durch die Rotschmiereoberfläche nach einiger Zeit weißer Schimmel; es bildet sich eine geschlossene Weißschimmelschicht, z. B. bei Rougette.

Weichkäse mit Außenweißschimmel waren ursprünglich alle von leicht grauem bis bläulichem Äußerem. So auch der Camembert. Mit der Einführung des Penicillium candidum züchtete man die heute als Camembertschimmel bezeichnete Schimmelkultur. Mit dieser Camembertschimmelkultur werden heute die meisten der Weißschimmelkäse behandelt. Das Durchschlagen von leicht grauen, kleinen Flecken beeinträchtigt nicht die Qualität des Käses. Erscheinen bei den camembertähnlichen Käse leichte rote Randflecken, so ist dies ein Zeichen der Reifung des Käseteiges.

Weichkäse mit blauem Edelschimmel im Teig haben meist einen weißen Schimmelbelag und sind milder im Geschmack als Schnittkäse mit Blau- oder Edelschimmel. Man nennt sie oft Weiß-Blau-Käse.

Edelschimmelkäse

Einen besonderen Platz unter den Schnittkäsen nehmen Edelschimmelkäse ein. Von einer fast dem Weichkäse ähnlichen Konsistenz bis zum Hartkäse reicht hier die Vielfalt, wobei auch das Äußere sehr unterschiedlich sein kann.

Es reicht vom rindenlosen Roquefort über den mit Camembertschimmelrasen überzogenen Handkäse bis hin zum baumrindenähnlichen Stilton.

Der Geschmack kann sehr verschieden sein, er erreicht beim älteren Käse meist eine gewisse Schärfe und Strenge, die vom Käseliebhaber allerdings sehr geschätzt wird.

5 Wochen dauert der Reifeprozeß bei entsprechender Lagerung, bis vor allem die Käse mit dünner Rinde ihre richtige Reife erreichen. Man sagt dann: „Es blüht die Rinde."

Käse mit dicker gewachsener, kräftiger Rinde vertragen einige Zeit der Lagerung und werden mit zunehmendem Alter kräftig und gehaltvoller im Geschmack.

Schnittkäse

Schnittkäse, deren Trockenmasseanteil unter dem des Hartkäses liegt, sind meistens in den Fettstufen Dreiviertelfett bis Rahmstufe.

Tilsiter und ähnliche werden auch als Doppelrahmkäse angeboten. Ihr Teig wird geschmeidig bis fest, und sie sind, wie es der Name sagt, gut zum Aufschneiden geeignet. Meist hat der Schnittkäse runde und schlitzförmige Löcher. In den Handel kommt Schnittkäse zur Kugel geformt (Edamer), als flacher, runder oder länglicher Laib (Brotform) oder als Stange. Diese Formen sind oft mit einer Wachs- oder Plastikschicht überzogen.

Zugabe von Kümmel und anderen Gewürzen im Teig sind keine Seltenheit. Ein großer Teil der Käse, die unter dem Sammelbegriff Schnittkäse angeboten werden, werden nach längerer Lagerung als halbharte Schnittkäse bezeichnet und erreichen auch den Grad der Hartkäse, z. B. Gouda, bestimmte Asiago-Sorten und andere.

Auch die Bezeichnung „halbfest" fällt unter diesen Begriff. Diese Käse haben meistens eine Naturrinde, die mit Rotschmiere behandelt wird, aber auch Käse mit Weißschimmelflora gibt es unter dieser Gattung.

Hart- und Extrahartkäse

Fast alle Hartkäse müssen mindestens 3 Monate in Reifekellern oder klimatisierten Reiferäumen lagern, wo sie ihre Konsistenz, ihren Geschmack und ihr Aroma entwickeln. Der hohe Trockenmasseanteil sowie die höhere Fett- oder Vollfettstufe machen den Hartkäse zum haltbarsten und lagerfähigsten aller Käse.

Eine Ausnahme sind die in Folie gereiften, meist aus pasteurisierter Milch hergestellten Käse, z. B. Emmentaler in Blockform, die auch in kürzerer Zeit reifen und milder im Geschmack und weicher in der Konsistenz sind.

Bis zu der neuen EG-Verordnung durften diese Käse nur mit „nach Emmentaler Art" bezeichnet werden.

Durch die Propionsäuregärung bilden sich in einigen Hartkäsen, z. B. Emmentaler, Greyerzer (Gruyère) und ähnlichen, große Löcher. Bei Hartkäsen mit kleinen Löchern oder fehlender Lochbildung wird dies durch starkes Nachwärmen (Brennen) des Bruches erreicht.

Der Teig wird mit zunehmendem Alter härter und krümeliger.

Der Extrahartkäse ist als Reibe- und Dessertkäse besonders beliebt. Viele Schnittkäse zählen, wenn sie durch gute Lagerung älter werden, zur Sorte der Hartkäse und sind auch so als Reibekäse verwendbar. Hierzu ist aber ein hoher Trockenmasse- und Fettgehalt wichtig.

Typisch in dieser Art ist der Provolone, welcher schon mit einer Reifezeit von 2 Monaten als Tafelkäse verkauft wird, im Alter mit all seinen Variationen aber ein vorzüglicher Hart- und Extrahartkäse wird. Ebenso verhält es sich mit dem holländischen Gouda, der als überjähriger Gouda zu den Spitzenerzeugnissen der Extrahartkäse zählt.

Zu den Extrahartkäsen gehören auch solche, die Würzkäse genannt werden, wie zum Beispiel Parmigiano-Reggiano, Grana padano, der Schabziger, Sbrinz, Fiore sardo, Ragusano und viele mehr.

Alle Sorten Emmentaler rechnet man zu den Hartkäsen, weiterhin Gruyère, Comté, Beaufort und einen großen Teil der Berg- und Alpenkäse bis zum griechischen Kefalotiri und dem englischen Chester.

Feta – Lakekäse

Feta-Käse ist ursprünglich in Südosteuropa aus Schafsmilch hergestellt worden. Um ihn würziger zu machen, wurde der Schafsmilch noch Ziegenmilch beigegeben. Die Herstellung allein aus Ziegenmilch ist wegen des strengen Geschmacks nicht möglich, so auch die Feta-Herstellung aus Kuhmilch. Hier war es der gelbliche Farbton und die Teigbeschaffenheit, welche vom Konsumenten bisher nicht angenommen wurde.

Heute ist ein großer Teil des im Handel befindlichen Feta-Käses aus Kuhmilch hergestellt, und seine weiße Farbe und die Teigbeschaffenheit sind dem aus Schafsmilch hergestellten sehr ähnlich. Nach einer entsprechenden Bruchbehandlung wird die gesäuerte Käsemasse leicht gepreßt und in Behälter mit Salzlake gepackt. Im verschlossenen Zustand ist der Käse nach 4 bis 6 Wochen gereift. In der Salzlake schwimmend ist Feta in den ungeöffneten Behältern gekühlt längere Zeit haltbar.

Sauermilchkäse

Sauermilchkäse reifen aus Sauermagermilchquark und gehören deshalb den Käsen der Magerstufe an. Sie sind fettarm und eiweißhaltig. Zu den Sauermilchkäsen zählen im weiteren Sinne auch die Ziegerkäse (Albuminkäse).

Die Sauermilchkäse haben eine gelb-rötlichbraune, meist etwas schmierige Oberfläche, oder sie sind mit einer dünnen Edelschimmelschicht überzogen und teils mit Kümmel gewürzt (Gelb-/Rotschmierekäse, Schimmel- und Halbschimmelkäse).

Im Geschmack ist der Sauermilchkäse mild, im fortschreitenden Alter wird er pikanter. Sauermilchkäsesorten: Quargel, Harzer, Mainzer, Hand- und Korbkäse, Kochkäse, Tiroler Graukäse und einige nur örtlich bekannte Käse.

Fett im Käse

Der Käse ist in folgende Fettgehaltsgruppen eingeteilt:

Magerstufe	weniger als	10 % Fett i. Tr.
Viertelfettstufe	mindestens	10 % Fett i. Tr.
Halbfettstufe	mindestens	20 % Fett i. Tr.
Dreiviertelfettstufe	mindestens	30 % Fett i. Tr.
Fettstufe	mindestens	40 % Fett i. Tr.
Vollfettstufe	mindestens	45 % Fett i. Tr.
Rahmstufe	mindestens	50 % Fett i. Tr.
Doppelrahmstufe	mindestens	60 % Fett i. Tr.

Die Fettgehaltsgruppe ist jeweils auf der Packung des Käses vermerkt, wenn nicht eine genaue Prozentzahl des Fettanteils in der Trockenmasse angezeigt ist, z. B. 50 % i. Tr.
Ist eine Grammzahl des Fettanteils beschrieben, so bezieht sich diese auf den absoluten Fettgehalt der in der Packung enthaltenen Käsemenge, es sei denn, die Bezeichnung ist auf je 100 g des Käses angegeben.

65 % Fett in der Trockenmasse

bei 100 Gramm Rougette (Weichkäse mit Camembertschimmel)

Der Käse enthält

etwa **34 Gramm Fett**

+ etwa	19 Gramm	Eiweiß, Vitamine, Mineralien
= etwa	53 Gramm	Trockenmasse
+ etwa	47 Gramm	Wasser
= Gesamt	100 Gramm	Rougette mit 65 % in der Trockenmasse

Wasser
Trockenmasse
Fett

100 Gramm Limburger, leicht,
mit **20 % Fett** in der Trockenmasse
enthält

	etwa	**7 Gramm**	Fett
+	etwa	28 Gramm	Eiweiß Vitamine Mineralien
=	etwa	35 Gramm	Trockenmasse
+	etwa	65 Gramm	Wasser
=		100 Gramm	Gesamtgewicht

100 Gramm Rottaler (bayr. Hartkäse)
mit **45 % Fett** in der Trockenmasse
enthält

	etwa	**27 Gramm**	Fett
+	etwa	33 Gramm	Eiweiß Vitamine Mineralien
=	etwa	60 Gramm	Trockenmasse
+	etwa	40 Gramm	Wasser
=		100 Gramm	Gesamtgewicht

100 Gramm Valençay (franz. Ziegenkäse)
mit **45 % Fett** in der Trockenmasse
enthält

	etwa	**22,5 Gramm**	Fett
+	etwa	27,5 Gramm	Eiweiß Vitamine Mineralien
=	etwa	50 Gramm	Trockenmasse
+	etwa	50 Gramm	Wasser
=		100 Gramm	Gesamtgewicht

Holländische Käse

Käse richtig lagern – Käse richtig teilen

Von V. Waltmann jun.

Der gekaufte Käse muß, um seinen optimalen Geschmack und sein Aroma zu erhalten, auch im Haushalt richtig gelagert werden. Naturkeller mit hoher Luftfeuchtigkeit und mit einer Temperatur von 10 °C sind leider selten geworden. So muß man den Käse in Aluminiumfolie oder in speziellem Käseverpackungspapier, das man in guten Käsefachgeschäften bekommt, im Gemüsefach des Kühlschrankes aufbewahren. (Dort ist es am wenigsten kalt; bei zu kühler Lagerung wird der Reifungsprozeß gestört.)

Mindestens 1 Stunde vor dem Verzehr sollte man den Käse aus dem Kühlschrank nehmen und ihn wie einen guten Rotwein auf Zimmertemperatur (ungeheizt), also auf 16 °C bringen.

Zum Nachreifen eines Weichkäses (Camembert, Brie, Livarot usw.) gibt man den Käse einige Tage in einen luftigen Raum bei 14 °C.

Sollten leicht bräunliche Flecken bei einem Rohmilch-Weichkäse mit weißer Schimmelrinde (z. B. Camembert, Brie) entstehen, so ist das nur ein Hinweis, daß der Käse in voller Reifung steht und der Geschmack sich außerordentlich gut entwickelt.

Das Aufschneiden ist ebenfalls wichtig. Nicht nur vom ästhetischen Standpunkt oder dem der Haltbarkeit aus, sondern auch wegen des Geschmacks. Manche Käse gewinnen an Geschmack, wenn man sie in einer bestimmten Weise aufschneidet, so daß Rinde und Teig gleichmäßig verteilt sind.

Runde Käse mit weichem Teig (Camembert, Brie usw.) schneidet man wie einen Kuchen auf. Viereckige Käse mit weichem Teig (Typ Pont-l'Evêque) teilt man von der Mitte beginnend in längliche Streifen, so daß die beiden Teile aneinandergeschoben werden können; das verhindert, daß der Teig „läuft".

Käse mit hoher Zylinderform (wie der Fourme d'Ambert) werden quer in runde Scheiben geschnitten.

Die kleinen Ziegenkäse halbiert man, die pyramidenförmigen (Typ Valençay) viertelt man von der Mitte aus.

Käselaibe (Comté, Greyerzer) schneidet man erst in dreieckige Stücke und diese dann quer, von der Mitte aus.

Schnittarten für Käselaibe

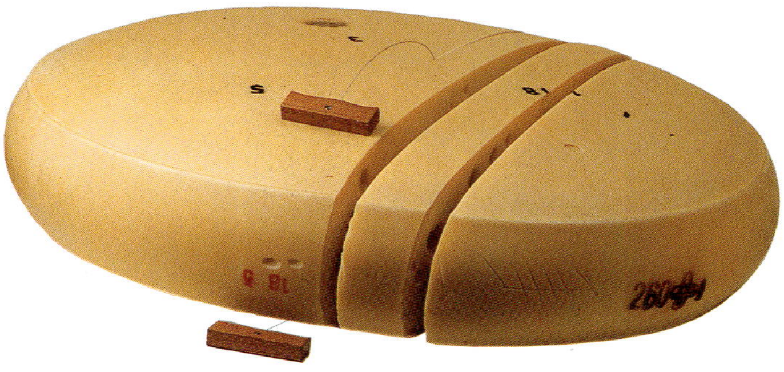

Der Riemenschnitt wird vorwiegend bei Emmentaler und Greyerzer angewendet. Die Rinde wird auf der Järbseite etwa 1 cm tief eingeschnitten und der Käsedraht eingelegt. Der eine Drahtteil wird unter dem Käse durchgeführt, so daß der Griff auf der Vorderseite gut gehalten werden kann, der andere Teil wird auf dem Käse parallel zum unteren Draht gelegt. Durch Ziehen des oberen Drahtteils wird der Käse geschnitten. Es ist darauf zu achten, daß der Käse auf 2 Holzleisten oder die Schnittlinie außerhalb einer Tischkante liegt, um ein Verdrehen des Käsedrahtes zu verhindern.

Ganze, halbe oder Viertellaibe lassen sich nach den 4 abgebildeten Arten in gleichmäßige Riemen- oder Keilstücke schneiden.

Die 4 bis 5 cm breiten Riemenstücke können nun zu Blöcken für die Käseplatte oder in $^{1}/_{2}$ cm dicke Tranchen für die Bankettkäseplatte oder das Käsebüfett geschnitten werden.

Die in Blockform geschnittenen Käse werden portioniert, indem man parallel zur Schmalseite etwa $^{1}/_{2}$ cm dicke Tranchen schneidet. Sind diese noch zu groß, können sie zusätzlich halbiert und mit der Rinde serviert werden. Die 2 Spitzen am Messerende dienen zum Servieren.

Schnittarten für Käselaibe

Extrahartkäse eignen sich vorzüglich zum Brechen. Diese werden mit dem Faustmesser oder mit dem Sbrinzmesser ringsum etwa 1 bis 2 cm tief eingeschnitten.

Die untere Schnittstelle des Käselaibes wird parallel auf die Kante einer Holzleiste gelegt und durch beidseitiges Hinunterdrücken gebrochen. Diese Art dient vorwiegend der Präsentation, da die Bruchstellen besonders schön und appetitlich wirken.

Extrahartkäse, wie Sbrinz, eignen sich vorzüglich zum Hobeln. Der in Keile geschnittene Käse kann gut festgehalten werden und ermöglicht eine günstigere Ausnützung als blockförmige Sbrinzstücke.

Sbrinz oder Parmesan können mit diesen Messern gebrochen und so serviert werden. Die Käsestückchen werden dann von Hand gegessen.

Schnittarten für Käselaibe

Mittelgroße Käselaibe werden mit dem doppelgriffigen Käsemesser in 2 gleich große Hälften geschnitten, z. B. Raclette-Käse. Die halben Laibe können nun in Riemen- oder Keilstücke geschnitten werden.

Mittlere und kleinere Käselaibe werden vorwiegend mit dem Faustmesser in Keilstücke für die Käseplatte geschnitten.

Alle Keilstücke werden von der Spitze her bis zu etwa $2/3$ quer und dann der Länge nach portioniert. Die Käsestücke werden mit der Rinde serviert.

Kugelkäse werden in der Regel halbiert und dann keilförmig in Portionen geschnitten. Die Paraffinschicht, die den Käse umgibt, wird am Käsestück belassen.

Das Servieren von Tête de Moine weicht von den üblichen Schnitt- und Servicearten ab. Der Käse wird geschabt, damit sein Aroma voll zur Geltung kommt. Parallel zur Flachseite wird ein $1/2$ cm dicker Deckel weggeschnitten. Am verbleibenden Stück wird ein Teil der Rinde entfernt. Der so vorbereitete Tête de Moine wird nun unter ständigem Drehen des Laibes mit der Schnittfläche des Käsemessers möglichst flach geschabt. Bei einiger Übung entstehen schöne Rosetten.

Wesentlich einfacher und auch schneller können die Rosetten mit der Tête-de-Moine-Handschabmaschine hergestellt werden.

Bei Rotschmierekäse wird die feucht-schmierige Schicht vor dem Servieren abgeschabt.

Stangenförmige Käse werden quer zur Länge in Scheiben geschnitten.

Keilförmige Käse werden von der Spitze her bis zu etwa $2/3$ quer und dann der Länge nach portioniert.

Runde oder halbrunde Käse werden keilförmig geschnitten.

Ovale Käse werden quer zur Länge in Scheiben geschnitten.

Der Vacherin Mont d'Or wird keilförmig geschnitten. Die Schnittflächen werden mit Plastik-, Glas- oder Holzplättchen abgedeckt, um das Ausfließen des Käses zu verhindern. Nur in Ausnahmefällen kann der vollreife, fließende Vacherin Mont d'Or mit dem Löffel serviert werden.

Welcher Wein zu welchem Käse?

Zu Champagner: Chaource (oben), Banon (links)
Crottin de Chavignol (Mitte), Picandou Ziegenthaler (rechts)

„Käse und Wein gehören zusammen" – das ist eine Regel, die man immer wieder hört.

Freilich, bei dem heute sehr verbreiteten Konsumkäse mögen diese Überlegungen sich nicht lohnen. Ein etwas fruchtiger Weißer oder ein vollblumiger Roter wird hier nie verkehrt sein.

Aber wenn man sich oder seinen Gästen einen guten, nicht immer ganz billigen Käse gönnt, sollte man auch einen entsprechenden Wein auswählen und anbieten. Was nützen Empfehlungen von Gourmets, welcher Wein mit welchem Käse harmoniert, wenn man vor einem reich sortierten Käsebüfett steht und womöglich nur der Wein vom vorhergegangenen Essen zur Verfügung steht?

Daher entweder bei der Zusammenstellung der Käsesorten vom angebotenen Wein ausgehen oder zu dem gebotenen Käse den passenden Wein anbieten. Es ist doch wohl besser, sich von vornherein auf einige wenige Käse zu beschränken, die zu einem entsprechenden Wein angeboten werden.

Es muß aber nicht ausschließlich Wein sein. Zu einer bayerischen Brotzeit mit einem Allgäuer Emmentaler, einem Bierkäse oder einem Obatzten mit einem Rettich verträgt sich ein kühles Bier am besten.

Die Empfehlung, den Wein mit dem Käse aus der gleichen Region zu genießen, wird oft recht schwierig und ist kaum zu realisieren, wenn es sich um eine größere Auswahl von Käsen handelt.

Vergessen wir den Rotwein, der vielleicht bei einem vorhergegangenen Essen angeboten wurde, und versuchen es zum Beispiel bei:

Weichkäse mit *Schimmelrinde* mit einem leichten Rotwein oder einem trockenen Weißwein mit wenig Säure;

Weichkäse mit *gewachsener Rinde* mit einem fruchtigen Weißwein oder einem Gewürztraminer;

Schnittkäse oder *Hartkäse,* vor allem im ausgereiften Zustand, da sind ein trockener, fruchtiger Weißwein, aber auch alle Rotweine in den verschiedensten Altersstufen gut zu trinken.

Zu *Edelpilzkäsen* trinkt sich ein starker, vollmundiger Rotwein gut, er sollte nicht zu edel sein, denn es wäre zu schade um das feine Bukett des Weines.

Am besten mundet ein voller, fruchtiger Weißwein sowie ein Sauternes zum *Roquefort.*

Zum *Stilton* paßt ein Gläschen Port.

Zum *Ziegenkäse* trinkt sich ein trockener, fruchtiger Weißwein gut, aber auch ein ausgereifter Rotwein, wenn der Käse seine volle Reife erreicht hat.

Kräuterkäse beansprucht fruchtige, blumige Weißweine, aber auch weiche bis ausgereifte Bordeauxweine.

Zu *Frischkäse* sind frische, trockene, am besten französische Weine wie ein Muscadet zu empfehlen. Ein ganz besonderer Tip, hierzu Sekt oder Champagner zu servieren.

Aber lesen Sie doch am besten auf den Seiten 28 und 29 nach, was berufene Fachleute empfehlen:

Roquefort zu einem Sauternes

Empfehlungen des italienischen Sommelierverbands

Käsesorte	*Wein zu leichtem Käseimbiß und Snack*	*Wein zu Käse als Hauptgericht*	*Wein zum Abschluß einer festlichen Käsemahlzeit*
Asiago	Tocai del Piave	Breganze Cabernet	Valpolicella Recioto Amarone
Fiore sardo	Vermentino di Gallura	Cannonau Sardegna	Vernaccia Oristano
Fontina	Blanc de Morgex	Barbera d'Alba	Carema
Gorgonzola	Traminer A. Adige	Valtellina sup.	Picolit Colli Orientali Fr.
Grana padano	Riesling Trentino	Valpolicella classico	Barolo
Parmigiano reggiano	Trentino Pinot Spumante	Lambrusco Sorbara	Barbaresco
Pecorino romano	Marino superiore	Chianti Colli Senesi	Chianti classico Riserva
Pecorino siciliano	Alcamo	Etna rosso	Marsala vergine
Robiola di Roccaverano	Gavi	Nebbiolo d'Alba	Barolo
Caciocavallo	Franciacorta Pinot	Merlot Collio	Vin Santo toscano
Montasio	Sauvignon Collio	Refosco Grave F.	Verduzzo amabile Colli Orientali Fr.
Mozzarella di bufala	Soave classico	Rose Castel del Monte	Moscato Passito Pantelleria
Pressato	Prosecco brut Conegliano	Cabernet Pramaggiore	Reciato di Soave
Provolone	Greco di Tufo	Sangiovese di Romagna	Brunello di Montalcino
Ragusano	Verdicchio Jesi	Cerasuolo di Vittoria	Moscato di Siracusa
Taleggio	Oltrepó pavese Riesling	Valcalepio rosso	Valtellina Sfurzat

Deutsche Käsehersteller empfehlen:

Kräuterweichkäse:	fruchtige, blumige Weißweine, z. B. fränkischer Bacchus, badischer Müller-Thurgau, weiche, ausgereifte Bordeauxweine
Rougette:	rassige Weißweine (Gewürztraminer), bukettreiche Rotweine, roter Pinot, Spätburgunder
Cambozola:	reife, erdige Weine wie Kerner, Frankenweine, Kabinett oder Auslese, ausgereifter, kräftiger Bordeaux
Brie:	fruchtige, blumige Weißweine, ausgereifte weiche Bordeauxweine
Camembert:	fruchtige Weißweine, kräftiger Bordeaux
Allgäuer Emmentaler und Bergkäse:	roter Landwein, leichter Bordeaux, aber auch Bier
Limburger, Romadur, Münsterkäse, Weinkäse:	fruchtige, kräftige Weißweine, Most oder Bier
Weißlacker:	Bier
Miesbacher:	vollfruchtige Weißweine, auch Bier sehr gut

Weinvorschläge der französischen Fördergemeinschaft „Sopexa“:

Frischkäse:	trockener Weißwein wie z. B. Muscadet
Banon:	französischer Weiß- oder Roséwein
Camembert de Normandie:	roter Bordeaux
Brie de Meaux:	roter Bourgogne
Carré de l'Est:	leichter französischer Rotwein, z. B. Coteaux du Languedoc
Coulommiers:	vollmundiger französischer Rotwein
Neufchâtel:	bei jungem Käse ein leichter, bei altem Käse ein kräftiger Rotwein
Caperon:	Wein aus der Auvergne
Doppelrahmweichkäse:	leichter Vin de Pays
Chaource:	Champagner, weißer Coteaux Champenois, aber auch ein Rotwein
Pont-l'Evêque:	Rotwein oder Cidre
Livarot:	Côtes-du-Rhône
Munster Géromé:	Elsässer trockener Wein
Maroilles:	kräftiger französischer Rotwein
Morbier:	leichter Rotwein
Saint-Paulin:	Wein aus der Provence
Tomme de Savoie:	Vin de Savoie
Raclette:	Elsässer Riesling
Pyrenäenkäse:	baskischer Rosé
Babygouda oder Mimolette:	Rot-, Weiß- oder Roséwein
Comté, Beaufort, Emmentaler, Gruyère:	fruchtiger französischer Roséwein
Cantal:	fruchtiger Rotwein bzw. Bergerac
Chabichou:	leichter roter Vin de Pays
Crottin de Chavignol:	trockener fruchtiger Weißwein/Sancerre
Sainte-Maure:	voller französischer Weiß- oder Rotwein aus der Touraine
Roquefort:	Chambertin, Sauternes, voller fruchtiger Weißwein
Bleu d'Auvergne:	vollmundiger Cahors
Bleu de Bresse:	leichter Beaujolais
Fourme d'Ambert Fourmet de Montbrison:	Rotwein

Fourme d'Ambert
Auvergne
Käse Ecke Erlangen
Gerhard Waltmann
Brillat Savarin
Burgund
Chevriers Gavots
Korsika
Käse Ecke Erlangen
Gerhard Waltmann
Gratte Paille
Großraum Paris
Tomme de Brebis
Korsika
Bollee Berrichone
Zentrum
Käse Ecke Erlangen
Gerhard Waltmann
Livarot
Normandie
Saint Nectaire, gereift
Auvergne
Gaperon frisch
Auvergne
Käse Ecke Erlangen
Gerhard Waltmann
Colommiers
Großraum Paris
Reblochon
Rhone-Alpen
Camembert
Normandie
Käse Ecke Erlangen
Gerhard Waltmann

Das Anrichten von Käse

Das Anrichten einer Käseplatte wie bei einer Wurst- oder Fleischaufschnittplatte vorzunehmen, ist eine Unmöglichkeit.

Aufgeschnittene Käse, vor allem Schnitt- und Hartkäse, sollten nicht zu lange in der Wärme stehen, sie sind dann nicht nur häßlich anzusehen, sondern der Geschmack wird wesentlich beeinträchtigt. Gewölbte Käsescheiben und vertrocknete Oberflächen wird ein Gourmet mit Recht ablehnen.

Eine Käseauswahl präsentiert man am besten auf einem Holzbrett. Die verschiedenen Käse werden mit solchen Abständen gelegt, daß keiner den anderen berührt und damit den Geschmack verfälscht. Dazu legt man die passenden Messer, so daß sich der Gast selber die Stücke seiner Wahl abschneiden kann oder von einer Fachkraft abgeschnitten und vorgelegt bekommt. Das ist die richtige Art, Käse zu servieren.

In Frankreich werden Weichkäse und die nicht zu festen Schnittkäse gerne auf einer Strohmatte dargeboten und mit Namensschildchen gekennzeichnet.

Auf dem nebenstehenden Bild ist eine solche Strohmatte gezeigt, auf der zwölf verschiedene Käsesorten für das Dessert zusammengestellt wurden. Angefangen mit dem milden Frischkäse (links unten), im Uhrzeigersinn weitergehend über einen leicht gewürzten und einen leichten Blauschimmelkäse bis zu den im Geschmack immer kräftigeren Sorten.

Das Bild zeigt folgende Auswahl an französischem Käse:

Coulommiers
Gaperon, frisch
Bolée berrichone
Gratte-paille
Brillat-Savarin
Fourme d'Ambert
Chevriers Gavot
Tomme de Brebis
Livarot
Saint-Nectaire, gereift
Reblochon
Camembert

Selbstverständlich ist eine solche, sich im Geschmack steigernde Reihenfolge auch mit anderen Käsesorten möglich. Es erfordert jedoch eine geschulte Zunge und einen hohen Sachverstand, wenn man mit einer solchen Anordnung eine Rangfolge geradezu vorschreibt.

Vacherin Mont d'Or

Diesen Weichkäse, der aus der Schweiz oder aus Frankreich kommt, gibt es nur kurze Zeit im Spätherbst oder in den Wintermonaten. Er zählt zweifellos zu den herrlichsten Weichkäsesorten. Entgegen allen herkömmlichen Tischsitten soll man den Vacherin Mont d'Or, der üblicherweise mit einer Fichtenrinde eingefaßt ist, nach der von den Bauern überlieferten Art mit einem Löffel essen.

Ein voller, guter Rotwein dazu und ein frisches Baguette, und es gibt für den Käsefreund keinen besseren Abschluß eines Menüs.

Nicht nur französische Käseliebhaber schwören auf den Vacherin Mont d'Or als Nachspeise.

Stilton

Wer vom Stilton spricht, denkt geradezu zwangsläufig auch an ein Glas Port. Aber es kann auch der Blue Cheshire sein, der zu dem vollen, runden Geschmack des in England so beliebten Getränkes gut mundet.

Zuweilen ist eine solche Zusammenstellung bei Käseliebhabern verpönt, aber es ist besonders als Abschluß eines guten Essens ein herrlicher Genuß.

Dem Stiltonkäse wird eine Scheibe oben abgeschnitten, man kann diesen Teil als Deckel wieder verwenden. Mit einem Löffel wird das Innere des Käses mit Port verrührt; diese Masse läßt man einige Zeit durchziehen. Der durchtränkte Käse wird zusammen mit einem Glas Port serviert und mit einem Löffel gegessen.

Gorgonzola, Caciocavallo, Canestrato mit einem Chianti classico Riserva

Die Käsesorten in Wort und Bild

Camembert de Normandie

Ursprung:	Frankreich
Region:	Normandie
Art:	Weichkäse mit Außenschimmel
Form:	Laib
Größe und Gewicht:	∅ 10,5–11 cm, Höhe: 2,5–3,5 cm, 240–280 g; petit ∅ 8–8,5 cm, Höhe: 2,5–3,5 cm, 135–145 g
Äußeres:	Oberfläche geschlossene weiße Schimmelschicht, bei Reifung leichte bis starke Rotschmiere (blaugrauer Oberflächenschimmel)
Inneres:	weiß bis gelblich, später gelbtransparent
Lochung:	wenige Bruchlöcher; gereift – geschlossen
Geschmack:	jung – schwach, mild, milchig; gereift – champignonartig, aromatisch, salzig, etwas seifig
Fettgehalt:	mind. 45% i. Tr.
Reifezeit:	2–3 Wochen
Lagerzeit:	in der Normandie bis zur Verzehrsreife gelagert
Besonderes:	Camembert aus der Normandie wird nur in den runden, oben beschriebenen Formen hergestellt

Schon in den Jahren 1708 und 1741 wird der Camembert in den Wörterbüchern von Corneille und Lamartinière als ein hervorragender Käse erwähnt, seine Berühmtheit bekam er aber erst durch die Bäuerin Marie Harel, die 1791 diesem Käse die gleichmäßige Schimmelbildung verlieh. Ihr wird seither der Ruf der Erfinderin des Camemberts nachgesagt.
Ursprünglich ein Rotschmierekäse, später ein Käse mit graublauem Schimmelrasen, mit dem er wesentlich aromatischer im Geschmack und Geruch gewesen war. Erst 1910, nach der Erfindung des Penicillium candidum, setzte man dieses dem Teig zu und erreichte damit die heute bekannte weiße Schimmelschicht. Den Namen hat dieser Käse von seinem Geburtsort Camembert, einem Ort in der Normandie. Hierher kommt auch der „Camembert de Normandie“. Diese Bezeichnung darf jedoch nur der dort hergestellte Camembert führen.

Heute wird der Camembert in vielen Ländern hergestellt, darf aber nur als Camembert bezeichnet werden, wenn seine Herstellung den Regeln und Verordnungen der französischen Erlasse entspricht.

Andere Weichkäse mit weißem Camembertschimmel dürfen nicht den Namen Camembert tragen.

Rahmcamembert (Weihenstephaner)

Ursprung:	Frankreich
Herst.-Land:	Deutschland (Bayern)
Art:	Rahmweichkäse mit Außenschimmel
Form:	flacher Zylinder
Größe:	∅ ca. 8 cm, Höhe ca. 2,5 cm
Gewicht:	125 g
Äußeres:	weißer Edelschimmelrasen
Inneres:	gelblich, zur Mitte hellerer Kern
Lochung:	unregelmäßig kleine Löcher
Geschmack:	je reifer, desto camembertartiger
Geruch:	zunehmend strenger
Fettgehalt:	55 % i. Tr. (Rahmstufe)

Tomme Rustique

Ursprung:	Frankreich, Schweiz
Herst.-Land:	Schweiz
Art:	Weichkäse mit Außenschimmel
Form:	kleiner, flacher Laib
Größe:	∅ 8 cm, Höhe 2,5 cm
Gewicht:	100–170 g
Äußeres:	gleichmäßiger weißer Schimmelrasen
Inneres:	hellgelber, weich fließender Teig
Lochung:	kleine, runde Lochung
Geschmack:	mild, nußartig, ohne Schärfe
Fettgehalt:	45 % i. Tr.

(St. Marei) Camembert

Ursprung: Frankreich
Herst.-Land: Deutschland (Bayern)
Art: Weichkäse mit Außenschimmel
Form: Laib
Größe: ∅ ca. 15 cm, Höhe ca. 4–5 cm
Gewicht: 800 g
Äußeres: weißer Edelschimmelbelag (Ränder können mit Rotschmiere sein)
Inneres: weiß bis rahmgelb, weich, geschmeidig
Lochung: einige Bruchlöcher
Geschmack: mild aromatisch
Fettgehalt: 60 % i. Tr.

Tomme in der Schweiz

Ursprung: Frankreich
Herst.-Land: Schweiz
Art: Weichkäse mit Außenschimmel
Form: kleiner, flacher Laib
Größe: ∅ 8 cm, Höhe 2,5 cm
Gewicht: 100 g
Äußeres: weißer, gleichmäßiger Schimmelrasen mit leichter Struktur
Inneres: hellgelb, weich bis fließend, glatter Teig
Lochung: keine
Geschmack: aromatisch, mild, ohne Schärfe
Fettgehalt: mind. 45 % i. Tr.

Weichkäse

Toma lacuvia

Ursprung: Italien
Art: Weichkäse mit Außenschimmel
Form: flacher Laib
Größe: ∅ ca. 10 cm, Höhe ca. 4 cm
Äußeres: weißer Schimmelrasen
Inneres: hellgelb, elastisch, camembertähnlich
Lochung: vereinzelte Bruchlöcher
Geschmack: cremig, fein
Fettgehalt: ca. 50 % i. Tr.

Noblesse

Ursprung: Österreich
Art: Weichkäse mit Weißschimmel
Form: halber Laib
Gewicht: ca. 600 g
Äußeres: gerillte Weißschimmelrinde
Inneres: hellgelblich bis weißlich, streichfähig, schnittfest, vollgereift – leicht fließend
Lochung: erbsengroße Lochung
Geschmack: mild, leicht säuerlich
Fettgehalt: mind. 50 % i. Tr.

St. Killian

Ursprung: Großbritannien
Region: Irland
Art: Weißschimmelkäse
Form: sechseckige flache Scheibe
Größe: ∅ 11–12 cm, Höhe ca. 3 cm
Gewicht: ca. 250 g
Äußeres: weiße Außenschimmelrinde
Inneres: hellgelb, geschmeidig, cremig
Lochung: unregelmäßige Löcher
Geschmack: zarter Camembertgeschmack, im Alter kräftiger
Fettgehalt: ca. 56 % i. Tr.

Pencaerag

Ursprung: Großbritannien
Region: England und Wales
Art: weißer Außenschimmelkäse
Form: flacher Zylinder
Größe: ∅ ca. 25 cm, Höhe ca. 4 cm
Gewicht: ca. 1,75 kg
Äußeres: weißer Außenschimmel mit leicht gerillter Oberfläche
Inneres: cremig, cremefarbig, von außen gelblicher
Lochung: verschieden große bis erbsengroße Löcher
Geschmack: sahnig, je nach Alter kräftiger
Fettgehalt: ca. 58 % i. Tr.
Reifezeit: ca. 4 Wochen

Brie de Meaux

Ursprung: Frankreich
Region: Ile-de-France, Provinz Seine-et-Marne
Art: Weichkäse mit Außenschimmel
Form: flache Tortenform
Größe: ∅ ca. 36 cm, Höhe ca. 2,5 cm
Gewicht: 2,5 kg
Äußeres: Oberfläche weiß bis cremefarbig mit Außenschimmel und gelblichroten Flecken
Inneres: rahmgelb, geschmeidig, glatt, weich
Lochung: unterschiedlich groß
Geschmack: mild, fein, frischer Pilzgeschmack
Fettgehalt: ca. 45 % i. Tr.
Reifezeit: 1–3 Monate

Le Quéton d'Isigny

Ursprung: Frankreich
Region: Isigny, Sainte-Mère
Art: Weichkäse mit weißem Außenschimmel
Form: flache Torte
Größe: ∅ ca. 22 cm, Höhe ca. 3 cm
Gewicht: ca. 1 kg
Äußeres: weißer Außenschimmel
Inneres: elfenbeinfarbig, glatt, geschmeidig, cremig, Kern weißlich
Lochung: vereinzelte stecknadelkopfgroße Löcher
Geschmack: rustikal
Geruch: markant
Fettgehalt: 45 % i. Tr.
Reifezeit: 1–3 Monate

Brie Isifrance

Ursprung:	Frankreich
Region:	Normandie
Art:	Weichkäse mit Außenschimmel
Form:	flacher Zylinder
Größe:	∅ ca. 36 cm, Höhe ca. 3 cm
Gewicht:	ca. 2,8 kg
Äußeres:	Oberfläche weißer, gleichmäßiger Schimmelrasen mit Struktur
Inneres:	hellgelb, geschmeidig
Lochung:	wenige feine Bruchlöcher
Geschmack:	fein, sahnig, cremig
Fettgehalt:	60 % i. Tr.

Brie (Champignon de Luxe)

Ursprung:	Frankreich
Herst.-Land:	Deutschland (Allgäu)
Art:	schnittfester Weichkäse mit Oberflächenschimmel
Form:	Torte
Größe:	∅ ca. 25–27 cm, Höhe ca. 4–5 cm
Gewicht:	1,6 kg
Äußeres:	Edelschimmelrinde, weiß, gleichmäßig überwachsen
Inneres:	cremefarbig bis goldgelb, weich, vollreif – geschmeidig, sahnig, cremig
Lochung:	unregelmäßige Lochung
Geschmack:	mild, fein aromatisch (säuerlicher als der Camembert)
Geruch:	champignonartig
Fettgehalt:	65 % i. Tr.
Reifezeit:	ca. 2 Wochen im Reifekeller

Weichkäse

Ramee Royal

Ursprung:	Deutschland
Region:	Kempten (Allgäu)
Art:	Weichkäse mit Außenschimmel
Form:	Laib, Torte
Größe:	∅ ca. 18 cm, Höhe 7 cm
Gewicht:	2,5 kg
Äußeres:	dichte Weißschimmeloberfläche
Inneres:	elfenbeinfarbig, cremig, sahnig, schnittfest
Lochung:	einige Bruchlöcher
Geschmack:	fein säuerlich
Fettgehalt:	ca. 60 % i. Tr.

Coulommiers

Ursprung:	Frankreich
Region:	Île-de-France, Provinz Seine-et-Marne
Art:	Weichkäse mit Außenschimmel
Form:	flacher Zylinder (Tortenform)
Größe:	∅ ca. 12,5–15,5 cm, Höhe ca. 2,5–3 cm
Gewicht:	350–500 g, bis 3 kg
Äußeres:	Oberfläche dünner, weißer Schimmelrasen; vollreif mit leicht bräunlich-rötlicher Flora
Inneres:	cremig, gelb, geschmeidig, kreidig
Lochung:	zuweilen unterschiedlich große Löcher
Geschmack:	mild, aromatisch, leicht nach Mandeln oder Nüssen
Geruch:	jung – leicht säuerlich
Fettgehalt:	45 % i. Tr.
Reifezeit:	ca. 4 Wochen

Bresso Weichkäsetorte

Ursprung: Deutschland
Herst.-Land: Kempten/Allgäu
Art: Weichkäse mit Außenschimmel
Größe: ∅ ca. 27 cm, Höhe ca. 5 cm
Gewicht: ca. 2000 g
Äußeres: Schimmelschicht weiß, dicht
Inneres: Teig gelblich, geschmeidig, im Alter: weicher
Geschmack: mild, eventuell leicht säuerlich
Fettgehalt: 60 % i. Tr.

Pave d'Affinois „Laib"

Ursprung: Frankreich
Region: Rhônetal
Art: Weichkäse mit weißer Schimmelrinde
Form: rechteckige Stange
Größe: Länge ca. 24 cm, Breite ca. 8 cm, Höhe ca. 5 cm, auch klein, Höhe 4,5 cm, Breite 6 cm
Gewicht: ca. 1 kg
Äußeres: Oberfläche elfenbeinfarbig, leichter Schimmelbelag, Abdruck von Strohmatte
Inneres: elfenbeinfarbig, weich, cremig, Reifung von außen nach innen
Lochung: keine
Geschmack: mild säuerlich
Fettgehalt: ca. 45 % i. Tr.
Reifezeit: ca. 1–2 Wochen

Kordonnet San Cremel

Ursprung:	Dänemark
Art:	Weichkäse mit Edelschimmelüberzug
Form:	flacher Zylinder
Größe:	∅ ca. 25 cm
Gewicht:	ca. 1,25 kg
Äußeres:	Rinde orangenfarbig, mit weißem Schimmelrasen überzogen
Inneres:	gelblich, leicht körnig, geschmeidig
Lochung:	einige linsengroße Löcher
Geschmack:	angenehm, vollmundig
Fettgehalt:	ca. 50 % i. Tr.

Brin d'Affinois

Ursprung:	Frankreich
Region:	Rhônetal
Art:	Weichkäse mit Rot- und Weißschimmel
Form:	sechseckiger Würfel
Größe:	∅ ca. 7–8 cm
Gewicht:	150 g
Äußeres:	weiße Schimmelrinde mit rötlichen Flecken, zum Verzehr geeignet
Inneres:	elfenbeinfarbig, weich
Lochung:	kleine unterschiedliche Lochung
Geschmack:	mild aromatisch
Fettgehalt:	50 % i. Tr.

Rougette

Ursprung:	Deutschland
Region:	Bayern (Allgäu)
Art:	Weichkäse (Landkäse)
Form:	Torte
Größe:	∅ ca. 25 cm, Höhe ca. 4–5 cm
Gewicht:	ca. 2 kg
Äußeres:	Rotschmiere, mit weißem Edelschimmel überwachsen
Inneres:	cremeweiß bis goldgelb, geschmeidig, weich, sahnig, cremig
Lochung:	unregelmäßige Bruchlochung
Geschmack:	frisch – leicht säuerlich, gereift – rassig
Fettgehalt:	65 % i. Tr.

Vignotte

Ursprung:	Frankreich
Art:	Weichkäse mit rot-weißem Außenschimmel
Form:	Laib
Äußeres:	Oberfläche mit leichter, weißer Schimmelflora
Inneres:	cremefarben, cremig-schmelzend
Lochung:	einige Schlitzlochungen
Geschmack:	fein sahnig
Geruch:	angenehmer feiner Milchgeruch
Fettgehalt:	mind. 72 %–75 % i. Tr.
Reifezeit:	ca. 4 Wochen

La Galette

Ursprung:	Frankreich
Region:	Lothringen
Art:	Weichkäse mit Außenschimmel, als Dekoration ein Blatt
Form:	Laib (Torte)
Größe:	∅ ca. 20 cm, Höhe ca. 2–3 cm
Gewicht:	ca. 800 g
Äußeres:	Schimmelrinde weiß (mit Blatt)
Inneres:	cremefarbig, cremig, geschmeidig
Lochung:	vereinzelte stecknadelkopfgroße Lochung
Geschmack:	fein, mild
Fettgehalt:	50 % i. Tr.
Besonderes:	die weitere Sorte „Calet de L'Est" ist ein Weichkäse aus Vorzugsmilch mit weißem Schimmelrand und Blatt, fester, aromatischer und milder, Fettgehalt 50 % i. Tr.

Fromage extrafin aux herbes

Ursprung:	Schweiz
Art:	Kräuterweichkäse
Form:	kleiner, flacher Laib
Größe:	∅ 9 cm
Äußeres:	weißer Schimmelrasen, mit Kräutern bestreut
Inneres:	gelblich, leicht fließender Teig
Lochung:	sehr vereinzelte Löcher
Geschmack:	nach Kräutern
Fettgehalt:	55 % i. Tr.

Pithiviers au foin

Ursprung: Frankreich
Art: Weichkäse mit Außenschimmel und Heuauflage
Form: flacher Zylinder
Größe: ∅ ca. 15 cm, Höhe ca. 3 cm
Gewicht: ca. 380 g
Äußeres: Oberfläche weiße Schimmelflora mit eingewachsener Heuauflage
Inneres: gelblichweiß fließend, je nach Reifung, heller oder fester Kern
Lochung: keine
Geschmack: markant
Fettgehalt: ca. 45 % i. Tr.
Reifezeit: 2–3 Wochen

Big Banon

Ursprung: Frankreich
Region: Gegend von Beaujolais
Art: Weichkäse mit weichem blaugrünem Schimmel
Form: Laib
Größe: ∅ 17 cm, Höhe ca. 5 cm
Gewicht: ca. 500 g
Äußeres: eingewickelt in Kastanienblättern, unter den Blättern ist ein weiß-grau-blauer Schimmelbezug, mit Bastbändern umwickelt
Inneres: cremig, elfenbeinfarbig
Lochung: mehrere kleine Schlitz- und Bruchlöcher
Geschmack: eigenwillig, säuerlich, herb
Fettgehalt: ca. 50 % i. Tr.
Reifezeit: 2 Wochen in den Kastanienblättern, in kalten Kellern
Besonderes: im Winter wird er in Schnaps mit Thymian, Pfeffer und Nelken eingelegt für Weihnachten und Neujahr

Délice de Bourgogne

Ursprung:	Frankreich
Region:	Gegend von Bourgogne
Art:	Weichkäse mit Außenschimmel
Form:	Laib
Größe:	∅ 19 cm, Höhe 7 cm
Gewicht:	1,8 kg
Äußeres:	Weißschimmelrinde ebenmäßig
Inneres:	hellgelb, geschmeidig, weich
Lochung:	keine
Geschmack:	außerordentlich guter Geschmack
Geruch:	fein, cremig, durch Anreicherung von Crème fraîche
Fettgehalt:	75 % i. Tr.
Besonderes:	wird nur im gereiften Zustand für den Verbrauch freigegeben

Chaource

Ursprung:	Frankreich
Region:	Departement Aube bei Troyes
Art:	Weichkäse mit Außenschimmel
Form:	Zylinder
Größe:	1. ∅ 11–11,5 cm, Höhe 6–7 cm; 2. ∅ 8,5–9 cm, Höhe 5,5 cm
Gewicht:	1. 500 g, 2. 280 g
Äußeres:	frisch – Oberfläche glatt, cremeweiß, gereift – Oberfläche mit Weißschimmel und leichter Rotschmiere
Inneres:	frisch – cremeweiß, geschlossen, gereift – gelblich, zart, fest
Lochung:	wenig Bruchlöcher
Geschmack:	leicht säuerlich, fruchtig jung – leichtes Aroma, gereift – stärkeres Aroma
Fettgehalt:	ca. 50 %–55 % i. Tr.
Reifezeit:	Frischkäse ab 5 Tage, gereifter Käse ab 30 Tage

Neufchâtel

Ursprung:	Frankreich
Region:	Departement Seine-Maritime
Art:	Weichkäse mit Weißschimmelrinde
Form:	Zylinder, Quader, Herzform
Größe:	Zylinder ∅ ca. 5 cm, Höhe ca. 6–7 cm
Gewicht:	ca. 120 g
Äußeres:	Oberfläche feine Schimmelschicht; jung – im Erscheinen (weiß), gereift – im Verschwinden (rötlich)
Inneres:	weiß bis gelblich, geschmeidig, geschlossen, Kern weißlich
Lochung:	keine
Geschmack:	frisch-säuerlich, aromatisch, jung = mild gereift = kräftiger, leicht salzig
Fettgehalt:	50 %–60 % i. Tr.
Reifezeit:	ca. 15–20 Stunden
Lagerzeit:	zum Frischverzehr geeignet

Boursault

Ursprung:	Frankreich
Region:	Normandie
Art:	Weichkäse mit Außenschimmel
Form:	kleiner Zylinder
Größe:	∅ ca. 8 cm, Höhe ca. 5 cm
Gewicht:	ca. 200 g
Äußeres:	Oberfläche leichter flaumig-weißer Schimmelbelag mit leicht gold-hellbraunen Flächen
Inneres:	elfenbeinfarbig, cremig, schnittfähig, frischkäseartig
Lochung:	wenige Schlitzlöcher
Geschmack:	fein, sahnig
Fettgehalt:	70 % i. Tr.

Soumaintrain

Ursprung:	Frankreich
Region:	Departement Yonne
Art:	Weichkäse mit Rotschmiere
Form:	Laib
Größe:	∅ ca. 12–13 cm, Höhe ca. 2,5–3 cm
Gewicht:	ca. 350–400 g
Äußeres:	Rotschmiereoberfläche, feucht, braunrot
Inneres:	hellgelb, weich, geschlossen
Lochung:	vereinzelt kleine Bruchlochung
Geschmack:	stark aromatisch, säuerlich
Geruch:	ausgeprägt
Fettgehalt:	ca. 45 % i. Tr./50 % i. Tr.
Reifezeit:	ca. 6 Wochen

Prestige de Bourgogne

Ursprung:	Frankreich
Region:	Bourgogne
Art:	Weichkäse
Form:	Zylinder
Größe:	∅ ca. 9 cm, Höhe ca. 4,5 cm
Gewicht:	ca. 200 g
Äußeres:	rindenlos, Bastmattenabdruck, weißliche oder rötliche Flora
Inneres:	weiß, weich, frischkäseartig
Lochung:	evtl. wenige kleine Schlitzlöcher
Geschmack:	milchsäuerlich frisch
Geruch:	säuerlich
Fettgehalt:	ca. 75 % i. Tr.

Ami du Chambertin

Ursprung: Frankreich
Region: Burgund
Form: Zylinder
Größe: ∅ 8–9 cm, Höhe 5 cm
Gewicht: 250 g
Äußeres: wellige Rinde mit Rotschmiere
Inneres: cremefarbener, sehr weicher Teig
Lochung: keine
Geschmack: sehr kräftig
Fettgehalt: 45% i. Tr./50% i. Tr.
Besonderes: in Spanschachteln im Handel

Rollot

Ursprung: Frankreich
Region: Departement Oise, Provinz Picardie
Art: Weichkäse mit Rotschmiere
Form: flacher Zylinder, Herzform
Größe: ∅ ca. 8,5 cm, Höhe ca. 3,5 cm
Gewicht: 200–300 g
Äußeres: Rinde glatt mit Rotschmiere
Inneres: hellgelb bis gelb, speckig
Lochung: wenig Bruchlöcher
Geschmack: kräftig, romadurartig
Geruch: intensiv
Fettgehalt: ca. 45% i. Tr.
Reifezeit: 2–4 Monate oder 6–7 Monate je nach Größe

Pont l'Evêque

Ursprung:	Frankreich
Region:	Normandie
Art:	Weichkäse mit gewaschener Rinde
Form:	Quadrat
Größe:	Kantenlänge 10,5–11,5 cm, kleiner Pont Kantenlänge 8,6–10 cm, Höhe ca. 3 cm
Gewicht:	250 g/350 g/550 g
Äußeres:	Rotschmiereoberfläche, gewaschen, Binsenmattenabdruck, trocken
Inneres:	leicht rissig, orangegelb, evtl. mit feinem grauweißem Schimmelrasen
Lochung:	wenige Bruchlöcher
Geschmack:	aromatisch, leicht seifig, vollwürzig
Fettgehalt:	ca. 45%–50% i. Tr.
Reifezeit:	4–6 Wochen

Maroilles

Ursprung:	Frankreich
Region:	Nordosten
Art:	Weichkäse mit Rotschmiere
Form:	Quadrat, Stange
Größe:	Länge 13,5 cm, Breite 13,5 cm, Höhe 6 cm
Gewicht:	720–740 g
Äußeres:	Rindenbildung wenig, rötlichgelb bis rötlichbraune Schmierebildung
Inneres:	ungereift „blance", mittelgereift „blondins", vollgereift goldgelb
Lochung:	fast keine
Geschmack:	limburgerartig, kräftig, pikant
Fettgehalt:	40% i. Tr.
Reifezeit:	2–4 Monate
Besonderes:	Varianten teilweise in Form und Farbe unterschiedlich. Auch unter dem Namen Marolles bekannt.

Carré de l'Est

Ursprung:	Frankreich
Region:	Ostfrankreich
Art:	Weichkäse mit Außenschimmel
Form:	Quadrat
Größe:	∅ ca. 7,5–11 cm, Höhe ca. 2,5–3,5 cm
Gewicht:	100–250 g
Äußeres:	Oberfläche geschlossener Schimmelrasen mit Rotschmiere
Inneres:	fester Kern, schwachgelb, elastisch (fester als der Camembert)
Lochung:	wenige Bruchlöcher
Geschmack:	jung – leicht säuerlich, gereift – mild-aromatisch, erdig
Fettgehalt:	40 %/45 % i. Tr.
Reifezeit:	2–3 Wochen
Lagerzeit:	gute Haltbarkeit

Dauphin

Ursprung:	Frankreich
Region:	Nordfrankreich
Art:	Kräuterweichkäse mit Schmierebildung
Form:	verschiedene Formen – Stangen, Herz, Wappen, Fisch
Größe:	Stange – Länge 10 cm, Breite 5 cm, Höhe 4 cm
Gewicht:	200 g/500 g
Äußeres:	Rindenbildung leicht, rotgelbe bis gelbe Schmierebildung
Inneres:	gelblich bis schwarzgrau, mit kleingehackten Kräutern, geschmeidig, weich
Lochung:	geschlossen, leicht offen
Geschmack:	romadurartig, pikant, aromatisch
Fettgehalt:	45 %/50 %/56,4 % i. Tr.
Reifezeit:	3–4 Monate
Besonderes:	Kräuterzutaten: Estragon, Pfeffer, Petersilie, Schnittlauch (siehe Weichkäse mit Kräutern)

Weichkäse

Munster

Ursprung: Frankreich
Region: Elsaß, Lothringen
Art: Weichkäse mit gewaschener Rinde
Form: flacher Laib
Größe: ∅ ca. 15–18 cm, Höhe ca. 3–5 cm
Gewicht: ca. 500 g
Äußeres: Rinde gewaschen, orangerot bis gelb und grau, leicht feucht, geometrisches Muster
Inneres: geschmeidig, weich (leicht laufend), hellgelb
Lochung: gering
Geschmack: aromatisch-pikant, leicht säuerlich
Fettgehalt: ca. 40%–50% i. Tr.
Reifezeit: ca. 4–6 Wochen

Livarot

Ursprung: Frankreich
Region: Normandie
Art: Weichkäse mit gewaschener Rinde
Form: Laib
Größe: ∅ 12–12,5 cm, Höhe 4,5–5,5 cm
Gewicht: 450–500 g
Äußeres: Rinde kräftig, rotorangefarbige Schmiere, Käsemattenmuster
Inneres: gelblich bis golden, weich, geschmeidig
Lochung: geschlossen, gelegentlich mit Bruchlöchern
Geschmack: nach Limburgerart, kräftig, aromatisch, streng
Fettgehalt: ca. 40% i. Tr.
Reifezeit: 2–4 Monate
Lagerzeit: mehrere Wochen

Epoisses

Ursprung:	Frankreich
Region:	Côte d'Or, Burgund
Art:	Weichkäse mit Schmierebildung
Form:	Laib
Größe:	∅ 10–12 cm, Höhe 4–5 cm
Gewicht:	300–400 g
Äußeres:	gewachsene Rotschmiererinde, kräftig, gelb- bis rotbraun
Inneres:	weiß bis strohgelb, weich fließend
Lochung:	wenige Bruchlöcher
Geschmack:	kräftig, aromatisch, nicht scharf, typisch nach Burgunder Trauben
Fettgehalt:	ca. 45 % i. Tr.
Reifezeit:	4–8 Wochen
Besonderes:	Während der Reife wird der Käse mit Weintrester von Burgund behandelt. Es gibt einen Ziegenkäse mit gleichem Namen.

Vacherin Mont d'Or

Ursprung:	Schweiz
Region:	Schweizer Jura, Gegend Lac de Joux, Waadtländer Jura
Art:	Weichkäse
Form:	Laib
Größe:	∅ 12 + 32 cm, Höhe 4–5 cm
Gewicht:	0,5–3 kg
Äußeres:	Rinde rotbraun, weiße bis gelbliche Schattierungen, Banderole aus Tannenholz
Inneres:	weiß bis gelblich, weich, cremig
Lochung:	wenige kleine Löcher (haselnußgroßer Bruch)
Geschmack:	mild, angenehm, leicht süßlich
Fettgehalt:	mind. 50 % i. Tr.
Reifezeit:	3 Wochen
Besonderes:	Reifung erfolgt in einem Gebinde aus Tannenholz und Rinde, im Handel von September bis März

Limburger

Ursprung:	Belgien (Limburg)
Herst.-Land:	Deutschland (Bayern)
Art:	schnittfester Rotschmiereweichkäse
Form:	Stange
Größe:	1. Länge ca. 11 cm, Breite ca. 5 cm, Höhe 4 cm; 2. Länge ca. 17–18 cm, Breite ca. 4,7 cm, Höhe 4,5 cm
Gewicht:	1. ca. 200 g, 2. ca. 500 g
Äußeres:	Rotschmiererinde klebrig, rötlichbraun
Inneres:	mattglänzend, hellgelb, weichschnittig, Kern darf nicht trocken oder bröselig sein; gereift – elastisch, weich, nicht fließend
Lochung:	gereift – kleine Lochung
Geschmack:	je nach Reifung würzig-pikant
Geruch:	zunehmend kräftig
Fettgehalt:	20 %/40 %/50 % i. Tr.
Reifezeit:	ca. 2–4 Wochen

Miesbacher Bierwürfel

Ursprung:	Deutschland
Region:	Bayern
Art:	schnittfester Weichkäse mit Rotschmiere (Bierkäse)
Form:	kleine Würfel
Größe:	∅ 4 × 4 cm, Höhe ca. 3,5 cm
Gewicht:	ca. 62 g
Äußeres:	Rotschmiereaußenflächen, gelb-/rotbräunlich, leicht klebrig
Inneres:	gelb, kompakt, geschmeidig, schnittfest
Lochung:	vereinzelte Löcher
Geschmack:	herzhaft, kräftig
Geruch:	zunehmend intensiv
Fettgehalt:	45 % i. Tr.

Rahmlimburger

Ursprung:	Belgien (Limburg)
Herst.-Land:	Deutschland
Art:	Weichrahmkäse mit Rotschmiere
Form:	Block, Stange
Größe:	Sehr unterschiedliche Größen
Gewicht:	200 g–500 g
Äußeres:	Rotschmiereoberfläche, gerillt, mit leichtem Schimmelbelag
Inneres:	geschmeidig, hellgelb, kompakt, schnittfest
Lochung:	vereinzelte, unregelmäßig große Bruchlochung
Geschmack:	fein, säuerlich, würzig, aromatisch
Geruch:	kräftig aromatisch
Fettgehalt:	45 %/50 % i. Tr.

Romadur

Herst.-Land:	Deutschland (Allgäu)
Art:	Weichkäse mit Rotschmiere
Form:	Stange
Größe:	Länge 8 cm, Breite 4,5 cm, Höhe 3 cm
Gewicht:	100 g–125 g
Äußeres:	Rotschmiereoberfläche, leicht klebrig, geschmeidig
Inneres:	mattglänzend, hellgelb, weichschnittiger als der Limburger
Lochung:	unregelmäßige Bruchlöcher
Geschmack:	herzhaft bis pikant
Geruch:	kräftig
Fettgehalt:	20 %/45 %/50 %/60 % i. Tr.
Reifezeit:	2–4 Wochen

Chaumes

Ursprung:	Frankreich
Art:	Rotschmiereweichkäse
Form:	flacher, leicht gewölbter Laib
Äußeres:	mit leichter Käserotflora
Inneres:	weiß, weich, geschmeidig, weichschnittig
Lochung:	lebhafte Lochung
Geschmack:	mild-dezent bis würzig
Fettgehalt:	50 % i. Tr.

Blasius

Ursprung:	Deutschland
Region:	Bayern
Art:	schnittfester Doppelrahmweichkäse (Rotkultur)
Form:	Dreieckstange
Größe:	Länge 32 cm, Breite 8 cm, Höhe 8 cm
Gewicht:	1,4 kg (700 g)
Äußeres:	Rotkulturoberfläche
Inneres:	gelblich, feincremig, gleichmäßige Konsistenz
Lochung:	unregelmäßige Lochung
Geschmack:	jung – mild, cremig; mittel – würzig, typisch; vollreif – betont vollmundig, pikante Rinde
Fettgehalt:	60 % i. Tr.
Lagerzeit:	Haltbarkeit 35 Tage ab Packtag bei 6–8 °C
Besonderes:	Geschmacksvarianten: Blasius Tradition: würzig, cremig; Blasius Blue: charaktervoll = Rotkultur, markant = Edelschimmel; Blasius Kräuter: typisch nach Kräutern

Saint Albray

Ursprung:	Frankreich
Art:	Weichkäse
Form:	Kranz
Äußeres:	Rinde, rötlich bis orangefarbig mit leichtem Schimmelrasen
Inneres:	cremefarbig, hellgelb, kompakt, elastisch, weich
Lochung:	unregelmäßige Bruchlochung
Geschmack:	mild bis aromatisch
Geruch:	voller Käsegeruch
Fettgehalt:	ca. 50 % i. Tr.

Rahmweinkäse

Ursprung:	Deutschland
Region:	Bayern
Art:	Doppelrahm-Weichkäse
Form:	Zylinder (Rolle)
Größe:	∅ ca. 7–8 cm
Gewicht:	150 g
Äußeres:	klebrig, naturgereifte Oberfläche, goldfarbig
Inneres:	hellgelb, kompakt, schnittfest, geschmeidig
Lochung:	unregelmäßig
Geschmack:	mildaromatisch, fein säuerlich
Geruch:	aromatisch
Fettgehalt:	60 % i. Tr.
Reifezeit:	12–14 Tage
Lagerzeit:	Haltbarkeit ca. 25–28 Tage

Champignon de Luxe (Kräuterkäse)

Mit den Attributen mild-delikat, würzig-mild, mild, pikant und feurig-pikant bieten die Käsehersteller eine umfangreiche Palette von Weichkäsen mit Gewürzen an.

Pfeffer, Alpenkräuter, Knoblauch oder Paprika sind die Hauptgewürze, die hierbei verwendet werden. Ein phantasievoller Reigen wird heute von den Käsefabrikanten angeboten. Fast täglich erscheinen neue Kompositionen dieser Art auf dem Markt, meistens auf der Grundlage eines Bries oder anderer Rahmweichkäse. Nicht zu verwechseln sind solche Käse mit den angemachten Käsesorten, die erst nach dem Ausreifen mit Gewürz- und Geschmackszusätzen angereichert werden. Diese Arten von Käse werden Weichkäsezubereitungen genannt.

Ursprung:	Deutschland
Region:	Allgäu
Art:	Kräuterweichkäse
Form:	Torte
Größe:	∅ ca. 25–27 cm, Höhe ca. 4–5 cm
Gewicht:	ca. 1,6 kg
Äußeres:	weiße Edelschimmelrinde
Inneres:	jung – cremefarbig, etwas fest, gereift – goldgelb, cremig, sahnig
Geschmack:	feinmild bis würzig (typisch nach dem Gewürz)
Fettgehalt:	ca. 65 % i. Tr.
Lagerzeit:	Haltbarkeit ca. 2 Wochen bei ca. 5–8 °C
Besonderes:	weitere Sorten: Paprika, Knoblauch, Alpenkräuter, Pfeffer

Bresso mit grünem Pfeffer oder Kümmel

Herst.-Land:	Deutschland
Region:	Kempten (Allgäu)
Art:	schnittfester Weichkäse (Weichkäsetorte)
Form:	flacher Laib
Größe:	∅ ca. 27 cm, Höhe ca. 5 cm
Gewicht:	1400 g
Äußeres:	dichte weiße Schimmelschicht
Inneres:	gelblich, geschmeidig, im Alter weicher
Lochung:	einige Bruchlöcher
Geschmack:	mild, leicht säuerlich
Geruch:	feiner Weichkäsegeruch, Pfeffer oder Kümmel
Fettgehalt:	70 % i. Tr.

Usius mit 3 Geschmacksvarianten

Herst.-Land:	Deutschland (Allgäu)
Art:	schnittfester Weichkäse mit Oberflächenschimmel
Form:	Hufeisen
Größe:	Länge ca. 18 cm, Breite 16,5 cm, Höhe 5 cm
Gewicht:	900 g
Äußeres:	Oberfläche mit Rot-/Weißkultur überzogen
Inneres:	weiß bis gelblich, cremig
Lochung:	wenig, klein
Geschmack:	Usius pur – frisch, mild, säuerlich, sahnig, Usius grüner Pfeffer – typisch pfeffrig, Usius Blauschimmel – kräftig, charaktervoll
Fettgehalt:	70 % i. Tr.
Reifezeit:	35 Tage bei 6–8 °C

Dallenwiler Geißkäse

Ursprung: Schweiz
Art: Weißschimmel-Ziegenkäse
Form: kleiner Zylinder
Größe: ∅ 13 cm
Gewicht: ca. 800 g
Äußeres: weißliche dünne Rinde mit sehr geringer Schimmelbildung
Inneres: weißlich
Lochung: geringe Bruchlochung
Geschmack: charakteristisch nach Ziegenmilch
Fettgehalt: 45 % i. Tr.
Besonderes: Geißkäse mit Schmiere – rohe Ziegenmilch 60 %–80 % i. Tr., pasteurisierte Kuhmilch 20 %–40 % i. Tr.,
Geißkäse mit Oberflächenschimmel – rohe Ziegenmilch 60 %–70 % i. Tr., pasteurisierte Kuhmilch 30 %–40 % i. Tr.

Amalthée

Ursprung: Frankreich
Region: Westküste
Art: Ziegenweichkäse mit weißer Schimmelrinde
Form: sechseckig
Größe: ∅ 23 cm
Gewicht: 1 kg
Äußeres: weiße Schimmelrinde mit Oberflächenstruktur
Inneres: weißlich, weich
Lochung: wenige vereinzelte Löcher
Geschmack: fein
Fettgehalt: 45 % i. Tr.

Original Geisberger

(Ziegenmilchcamembert)

Ursprung: Österreich
Art: Ziegenweichkäse mit Weißschimmelrasen
Form: Laibchen
Größe: ∅ ca. 7 cm und größer, Höhe ca. 3 cm
Gewicht: ca. 100 g, 500 g
Äußeres: weißer, eßbarer Edelschimmelrasen
Inneres: cremig, weiß
Lochung: unregelmäßige Rundlochung
Geschmack: jung – mild, aromatisch, topfig, alt – feinpikant, fließend, typisch nach Ziegenmilchcamembert
Fettgehalt: ca. 45 % i. Tr.

Weißer Prinz

Ursprung: Österreich
Art: Schaf-Weißschimmelkäse
Form: Torte
Größe: ∅ ca. 25 cm, Höhe ca. 2,5 cm
Gewicht: 1,5 kg
Äußeres: eßbarer Weißschimmelrasen
Inneres: hell, cremig, streichfähig
Lochung: unregelmäßige, große Rundlöcher
Geschmack: typisch nach Schafmilch, älter – reifer und pikanter
Fettgehalt: ca. 50 % i. Tr. (ähnlich der Brietorte)

Weichkäsezubereitung

Boulette d'Avesnes

Ursprung: Frankreich
Region: Avesnes-sur-Helpe, Ort im Dept. Nord, 50 km von Cambrai
Art: Ziegerkräuterkäse aus Buttermilch
Form: kegelförmig
Größe: ∅ ca. 5–7 cm, Höhe ca. 12 cm
Gewicht: 200–250 g
Äußeres: Oberfläche von feuchter Schmiere, rotgelblich marmoriert, mit dunklen Flecken
Inneres: ockerfarbig, mit dunklen Kräuterstellen, geschlossen, bröckelig
Lochung: keine
Geschmack: äußerst scharf und streng
Fettgehalt: 52,6 % i. Tr.
Reifezeit: ca. 3 Monate
Besonderes: weitere Sorte aus Kuhmilch: Boulette de Cambrai, besonders als Dessert, Zusatz von Kräutern: Estragon, Petersilie, Pfeffer, Piment, Gewürznelke, Salz

Obatzter (Original Weihenstephan)

Ursprung: Deutschland
Region: Bayern
Art: gewürzte Weichkäsezubereitung
Größe: verschieden
Äußeres: rindenlos, cremig, weich, rötlich, kann auch ohne Paprika sein, im Becher
Inneres: gelblich, streichfähig
Lochung: keine
Geschmack: nach den Gewürzen Salz, Pfeffer, Paprika, Zwiebel
Geruch: kräftig, würzig
Fettgehalt: unterschiedlich
Besonderes: bayerische Spezialität

Frischkäsesorten sind meist unmittelbar nach ihrer Herstellung genießbar. Beliebt sind sie vor allem in Südeuropa, aber auch in Frankreich. Hier findet man das größte Angebot auf dem Markt.

Aus den französischen Käsereien stammen die unterschiedlichsten, nur wenige Tage haltbaren Köstlichkeiten. Nach frischer Milch schmeckend oder etwas würzig-säuerlich, zergehen sie förmlich auf der Zunge. Auch die mit Gewürzen angereicherten oder leicht geräucherten Sorten haben unter den Feinschmeckern ihre Freunde.

Als Zutat zu den verschiedensten Speisen findet der Frischkäse auch in der Küche Verwendung.

Ähnlich wie die nur kurze Zeit genießbaren Sorten sind die haltbar gemachten Frischkäse, dazu zählen die aus Italien stammenden zahlreichen Ricotta-Arten, der Rabiola mit seinen zahlreichen Abwandlungen und der weitverbreitete Mascarpone sowie andere sahnereiche Varianten.

Der Ziger, auch Zieger geschrieben, wird aus Kuhmilch, aber auch aus Schafmilch oder Ziegenmilch gewonnen, frisch gegessen oder dient zur Herstellung des in der Schweiz beheimateten Schabzigers. In Griechenland kommt dieser Käse in getrocknetem Zustand unter dem Namen Manouri in den Handel.

In Deutschland und in den nördlichen Ländern stellen die verschiedenen Frischkäsezubereitungen einen großen Anteil des Angebotes dar. Phantasievolle Zusammenstellungen füllen hier die Theken der Delikatessengeschäfte.

Saint-Pierre
Brillat-Savarin
Délice de Saligny

Frischkäse

Quark (Magerstufe)

Art: Frischkäse
Form: Plastikbehälter oder Beutel
Gewicht: unterschiedlich
Äußeres: rindenlos
Inneres: cremig bis leicht trocken, milchigweiß
Geschmack: leicht säuerlich
Fettgehalt: Magerstufe: weniger als 10% i. Tr.
Besonderes: Varianten mit Früchten

Quark (Topfen)

Art: Frischkäse
Form: unterschiedliche Größen
Gewicht: ca. 50 g–500 g
Äußeres: rindenlos
Inneres: geschmeidig, cremig, pastenartig, milchweiß bis rahmgelb
Geschmack: leicht säuerlich
Fettgehalt: 20–85% i. Tr.

Schichtkäse

Art:	Frischkäse
Form:	in Plastikbehältern
Größe und Gewicht	7,5 × 7,5 cm, Höhe: ca. 6 cm, ca. 250 g 10 × 10 cm, Höhe: ca. 6–8 cm, ca. 500 g
Äußeres:	rindenlos, milchigweiß bis rahmgelb
Inneres:	zart, geschmeidig, formfest; im Inneren sollen Schichten erkennbar sein, gelb bis hell
Lochung:	wenige Bruchlöcher
Geschmack:	milchsauer
Fettgehalt:	12,4 %/22,7 %/42,2 % i. Tr.
Lagerung:	Für baldmöglichsten Verzehr in frischem Zustand bestimmt
Besonderes:	Varianten mit Gewürzen, Gewürzauszügen oder Gewürzbereitung

(Hüttenkäse) Hytteost

Ursprung:	Dänemark
Art:	Frischkäse
Gewicht:	ab 200 g
Äußeres:	ohne Rinde, in Plastikbehälter
Inneres:	größere und kleinere gleichmäßig geformte, weiche wasserhaltige Körner
Lochung:	keine
Geschmack:	leicht säuerlich
Fettgehalt:	ca. 20 % i. Tr. u. 40 % i. Tr.
Lagerzeit:	ca. 2 Wochen bei 4–7 °C

Frischkäse

Philadelphia

Ursprung: Amerika
Herst.-Land: Deutschland/Bayern
Art: Frischkäse „Cream cheese“
Form: in Bechern
Gewicht: ca. 200 g
Äußeres: rindenlos, cremig
Inneres: pastenartig, sahnig, cremig
Geschmack: sahnig, fein säuerlich
Fettgehalt: ca. 70 % i. Tr.
Besonderes: Philadelphia „light“ (40 % weniger Fett i. Tr.)
Varianten: Kräuter, Gewürze, Obst

Farmi und Farmi soft

Herst.-Land: Deutschland (Bayern)
Art: Frischkäsezubereitung
Gewicht: Frischkäse – 200 g
Farmi soft – 150 g
Äußeres: im Becher
Inneres: cremig, weißlichgelb
Lochung: keine
Geschmack: leicht säuerlich, bei Kräuterzusatz entsprechend
Fettgehalt: Doppelrahmstufe,
bei „leicht“ Viertelrahmstufe,
Farmi soft – Doppelrahmstufe
Lagerzeit: Farmi ca. 28. Tage,
Farmi soft ca. 5 Wochen
Besonderes: Geschmacksrichtungen:
Farmi – neutral/mit französischen Kräutern/mit Knoblauch/extra leicht
Farmi soft – französische Kräuter/mit Meerrettich

Rygeost

Ursprung: Dänemark
Region: Insel Fynen und Odense
Art: Räucherkäse/Frischkäse
Größe: unterschiedlich
Äußeres: quarkartige Masse, Oberfläche bräunlich durch das Räuchern, in Aluminiumbechern
Inneres: quarkartige Masse, weißlich, cremig, evtl. innen mit Kümmel
Lochung: keine
Geschmack: quarkcremeartig, frisch, leicht geräuchert
Geruch: nach Stroh oder Wacholder, Kümmel
Fettgehalt: max. 5 % i. Tr. (Magerstufe), 40 %–45 % i. Tr.
Lagerzeit: Haltbarkeit 4–5 Tage

Kräuter Bresso

Ursprung: Deutschland
Region: Kempten/Allgäu
Art: Frischkäse
Gewicht: 1,5 kg und kleiner
Äußeres: rindenlos, im Topf
Inneres: besonders cremig, locker, aufgeschlagen
Lochung: keine
Geschmack: je nach Sorte würzig, pikant, stark nach jeweiligen Kräutern
Fettgehalt: 60 % i. Tr., leicht: 39 % i. Tr.
Besonderes: Sorten: Kräuter der Provence; Kräuter der Provence, leicht; Knoblauch; Meerrettich; Paprika

Frischkäse mit Kräutern

Boursin

Ursprung:	Frankreich
Art:	Frischkäse mit Kräutern
Form:	konischer Zylinder
Größe:	∅ ca. 7 cm, Höhe ca. 4 cm
Gewicht:	150 g
Äußeres:	rindenlos, weiß, mit Kräutern
Inneres:	weiß, cremig, mit Kräutern
Lochung:	keine
Geschmack:	würzig nach den Kräutern (Knoblauchgeschmack vorherrschend)
Fettgehalt:	70 % i. Tr.

Fino

Ursprung:	Deutschland
Region:	Allgäu
Art:	Frischkäse, mit Kräutern und Pfeffer
Form:	Halbkugel
Größe:	∅ ca. 20 cm
Gewicht:	1,2 kg
Äußeres:	Oberfläche Fino Classico mit schwarzem Pfeffer, Fino Verde mit Schnittlauch
Inneres:	frisch, cremig, weiß, schnittfest
Lochung:	keine
Geschmack:	innen mild, Dekor scharf, würzig
Fettgehalt:	70 % i. Tr.

Frischkäse mit Kräutern

Gourmos

Herst.-Land: Deutschland (Allgäu)
Art: Frischkäse
Form: Halbkugel
Größe: ∅ ca. 20–25 cm, Höhe ca. 7–8 cm
Gewicht: 1,2 kg
Äußeres: in frische Weinblätter gehüllt (eßbar)
Inneres: schnittfest, cremig, mit Olivenstückchen und Knoblauch
Lochung: keine
Geschmack: mild-würzig, typisch nach den eßbaren Weinblättern und Oliven, Knoblauch
Geruch: Knoblauch
Fettgehalt: 60 % i. Tr.

Dan Slot

Ursprung: Dänemark
Art: Doppelrahmfrischkäse
Form: Torte, Fantasieformen, Ringe
Größe: unterschiedlich
Gewicht: ca. 1,2 kg, ab 100 g = kleine Formen
Äußeres: mit Gewürzen, Mandeln oder Kräutern garniert
Inneres: cremig, elfenbeinfarbig
Lochung: keine
Geschmack: nach Pfeffer, Kräutern, Schnittlauch, Pflaumen und Madeira, Ananas und Likör, Nugat und Rum
Fettgehalt: ca. 60 % i. Tr. (Alkoholgehalt 3–4 Vol.-%)
Reifezeit: 24 Stunden
Lagerzeit: Kräutervarianten ca. 6 Wochen, Süßvariante ca. 8 Wochen bei 2–7 °C
Besonderes: Kräuter sind tiefgefroren, per Hand paniert und einzeln verpackt

Brillat-Savarin

Ursprung:	Frankreich
Region:	Westküste, Weiden der Bourgogne
Art:	Frischkäse, handgeschöpft
Form:	Laib
Größe:	∅ ca. 12–13 cm
Gewicht:	450 g
Äußeres:	rindenlos, weiß, mit kleinem Gitterabdruck
Inneres:	cremig, sahnig, weißlich
Lochung:	fast keine
Geschmack:	frisch, fein
Fettgehalt:	75 % i. Tr.
Lagerzeit:	zum sofortigen Verzehr!

Fromage des Troyes

Ursprung:	Frankreich
Region:	Elsaß, Champagne, Norden
Art:	Frischkäse
Form:	Torte
Größe:	∅ 20 cm, Höhe 8 cm
Gewicht:	2 kg
Äußeres:	weich, weißlich, mit Struktur
Inneres:	cremig, weißlich, weich
Lochung:	leichte Bruchlochung
Geschmack:	frisch, vollmundig
Fettgehalt:	70 % i. Tr.
Reifezeit:	28 Tage
Besonderes:	der Käse gehört zu den Spezialitäten, die frisch und ohne Reifung am besten schmecken

Délice de Saligny

Ursprung: Frankreich
Region: Burgund
Art: Frischweichkäse
Form: kleiner Zylinder
Größe: ∅ ca. 8 cm, Höhe ca. 6 cm
Gewicht: ca. 200 g
Äußeres: rindenlos, weiß
Inneres: cremig, weiß
Lochung: keine
Geschmack: frisch, sahnig, leicht säuerlich
Fettgehalt: ca. 75% i. Tr.

Explorateur

Ursprung: Frankreich
Region: Beauxe, Südosten von Paris
Art: Doppelrahmkäse
Form: Laib
Größe: ∅ ca. 22 cm
Gewicht: 250 g/450 g/1,6 kg
Äußeres: Schimmelrinde ebenmäßig, weiß, mit Strohmattenabdruck
Inneres: weißlich, cremig, sahnig, milchsaurer Teig
Lochung: wenig Lochung
Geschmack: sehr mild
Fettgehalt: 75% i. Tr.

Mozzarella

Mozzarella, ursprünglich nur aus Büffelmilch gewonnen, wird heute zuweilen noch aus einer Mischung von Büffel- und Kuhmilch, aber meistenteils aus reiner Kuhmilch hergestellt.

Die Herstellung des Mozzarellakäses ist der des Provolone sehr ähnlich. Wie dieser ist der Mozzarella ein Filatakäse aus einem gebrühten, gezogenen Teig. Das heißt, der Bruch (gallertartige Masse, die zur Dicklegung der Milch durch den Lab führt und die Grundlage aller Labkäse ist) wird zerkleinert und, nachdem er durch Abtropfen der Molke trockengelegt ist, mit 80 °C heißem Wasser gebrüht. Hierdurch entsteht eine weiche, formbare Masse. Zu einem dicken Strang gezogen, werden von diesem die bekannten Mozzarellabällchen geschnitten und in kaltem Wasser gefestigt. Die Dauer eines anschließenden Bades in einer Kochsalzlösung bestimmt, wie stark der Käse gesalzen ist. Anschließend wird der entstandene Mozzarella getrocknet.

Neuerdings wird der Käse für den Transport bzw. die Lagerung in einer leichten Salzlösung in Folie eingeschweißt. Bei der ebenfalls im Handel befindlichen Blockform eignet sich der Käse auch zum Aufschneiden. An manchen Orten werden anstelle der Bällchen auch verschiedene andere Formen aus dem Käseteig gefertigt. So wird zum Beispiel der Scamorza aus den Abruzzen, der manchmal geräuchert wird, in Form von Birnen oder zu Zöpfen geflochten angeboten.

Der Mozzarella und die ihm verwandten Sorten sind also, da sie nicht ausgereift sind, den Frischkäsen zuzuordnen.

Mozzana-Kugel

Ursprung:	Italien
Herst.-Land:	Deutschland
Art:	Frisch-Weichkäse, italienischer Typ
Form:	Kugel
Gewicht:	125 g
Äußeres:	rindenlos, weiß
Inneres:	weiß, geschmeidig (Hühnerfleischstruktur)
Lochung:	einige mechanische Löcher
Geschmack:	mild, frisch
Fettgehalt:	mind. 40 % i. Tr./44 % i. Tr.
Lagerzeit:	30 Tage bei 4–7 °C

Mozzarella di bufala

Ursprung:	Italien
Region:	Kampanien
Art:	Typ Filatakäse aus Büffelmilch
Form:	verschiedene Formen und Größen wie Kugeln, eiförmig und geflochten
Gewicht:	30–600 g
Äußeres:	porzellanweiß
Inneres:	porzellanweiß, elastisch, feinblättrig beim Aufschneiden
Lochung:	keine
Geschmack:	angenehm säuerlich, frisch, bei zunehmendem Alter leicht würzig
Fettgehalt:	mind. 50 % i. Tr.
Reifezeit:	sofort nach der Herstellung verzehrfertig
Besonderes:	Mozzarella wird auch geräuchert angeboten, Mozzarella ist der Pizzakäse

Mozzarella (aus Kuhmilch)

Ursprung:	Italien
Region:	heute ganz Italien und in vielen anderen Ländern
Art:	Typ Filatakäse aus Kuhmilch
Form:	kugelförmig, aber auch Laib
Größe:	unterschiedlich
Gewicht:	50 g–400 g und darüber
Äußeres:	rindenlos, weiß
Inneres:	porzellanweiß, elastisch
Lochung:	keine
Geschmack:	säuerlich, frisch, leicht salzig
Fettgehalt:	ca. 50 % i. Tr.
Reifezeit:	sofort nach der Herstellung zum Verbrauch bestimmt
Besonderes:	spezieller Pizzakäse und für Pastagerichte

Frischkäse

Scamorza

Ursprung:	Italien
Region:	Abruzzen
Art:	halbfester Schnitt-Frischkäse, Typ Filata
Form:	birnenförmig
Gewicht:	150–200 g
Äußeres:	Haut dünn, glatt
Inneres:	gelbweiß, kompakt
Lochung:	keine oder spärlich
Geschmack:	angenehm frisch oder leicht geräuchert
Fettgehalt:	45%–50% i. Tr.
Reifezeit:	sehr kurz
Besonderes:	Käse kommt paarweise an der Schnur in den Handel, er wird auch gereift und geräuchert angeboten.

Burrata di Andria (Butirri)

Ursprung:	Italien
Region:	Süditalien
Art:	Frischkäse, Mozzarellaart
Form:	rund wie ein Ball
Größe:	∅ ca. 10 cm
Äußeres:	rindenlos, weiß
Inneres:	Farbe weiß, kleine Stücke Butter sind im Mozzarellateig eingeschlossen
Geschmack:	süßlich, nach 1–2 Wochen eher pikant
Fettgehalt:	mind. ca. 44% i. Tr.
Reifezeit:	keine oder bis zu 2 Wochen
Besonderes:	Burrata = in runder Form, Butirri = in Birnenform, beide sind in Affodill-Blättern (Liliengewächs im Mittelmeerraum) eingebunden

Zi(e)gerkäse – Albuminkäse – Ricotta

Immer wieder wird der Ricotta mit dem Quark verwechselt, der aber wird aus Milch hergestellt. Ricotta dagegen wird aus Molke gewonnen. Es ist die Molke, die bei der Käseherstellung z. B. von Mozzarella, Provolone und vor allem bei der Herstellung des Pecorino anfällt. Bei der Fertigung des Pecorino verbleiben bei der Käseherstellung über 70 % der Milch als Molke zurück. Durch die Erwärmung auf 70–80 °C und durch die natürliche Säure gerinnt das Albumin und schließt das Fett, die Milchstoffe und das Milchsalz ein. Bei weiterer Erwärmung scheidet sich der nun entstandene Ricotta von der Flüssigkeit und wird dann von dieser abgeschöpft. In Körbchen gefüllt, kann dann weitere Flüssigkeit abrinnen.

Dieser Herstellungsvorgang ändert sich bei den zahlreichen Ricottaarten im wesentlichen nur durch die unterschiedlichen Hitzebehandlungen. Ohne eine Weiterbehandlung kann er als frischer Ricotta verzehrt werden. Es gibt jedoch auch Arten, die gesalzen, getrocknet, gebacken oder geräuchert in den Handel kommen. Bei Ricotta aus Schafmilch ist der Fettgehalt mit über 70–78 % i. Tr. weit höher als bei solchen aus Kuhmilch. Den Ricotta, der auch Zi(e)ger- oder Albuminkäse genannt wird, verwendet man auf vielfältige Weise zur Bereitung von typisch südländischen Gerichten, Salattunken und Süßspeisen.

Obwohl der Ricotta während seiner Fertigung stark erhitzt, aber nicht gereift, sondern wie beim Ricotta salate und Ricotta sardina (und auch der griechische Manouri) getrocknet wird, zählt man ihn zu den Frischkäsen.

Ricotta piemontese

Ursprung:	Italien
Region:	Piemont (Sardinien)
Art:	Frischkäse, Molkekäse
Form:	Zylinder
Größe:	∅ 10–15 cm, Höhe 8–10 cm
Gewicht:	1–1,5 kg
Äußeres:	rindenlos, weiß, rauh, Korbabdruck
Inneres:	weiß, zart, krümelig
Lochung:	keine
Geschmack:	quarkig
Fettgehalt:	20 %–30 % i. Tr.
Besonderes:	Ricotta pecorina = fettreicher und fester

Ricotta romana

Ursprung: Italien
Art: Frischkäse, Molkekäse
Form: offen
Gewicht: 1–1,5 kg
Äußeres: milchigweiß, rindenlos
Inneres: zart, streichbar, schmelzend
Lochung: keine
Geschmack: süßlich
Fettgehalt: 77,4–77,5 % i. Tr.
Besonderes: weitere Namen: Ricotta salata – gesalzen, Verpackung in Körbchen, Verwendung als Speisen, Salate und Süßspeisen

Ricotta salata (gesalzen)

Ursprung: Italien
Region: Sardinien
Art: Frischkäse, Molkenkäse
Form: stumpf-konisch nach der Form vom Körbchen
Gewicht: je nach Körbchen 1–1,5 kg
Äußeres: rindenlos, festere Schichten
Inneres: milchigweiß, zart, streichbar, schmelzend
Lochung: keine
Geschmack: schmackhaft, ein mild gesalzener Frischkäse
Fettgehalt: meist vollfett, aber unterschiedlich
Reifezeit: als Tafelkäse 20–30 Tage, Reibekäse mindestens 6 Monate

Ricotta salata al forno

Ursprung: Italien
Region: Süd- und Mittelitalien
Art: Frischkäse aus Kuhmilchmolke, gesalzen
Form: stumpf-konisch, nach dem Ricottakörbchen
Gewicht: ca. 1 kg
Äußeres: Haut trocken, bräunlich durch das Herausbacken im Ofen
Inneres: weißlich, zart, streichbar
Lochung: keine
Geschmack: typisch nach überbackenem, gesalzenem Käse
Fettgehalt: sehr unterschiedlich
Besonderes: verschiedene Sorten: Schafkäsemolke – Ricotta di pecora, Ricotta romana – Ricotta tipo moliterno (gesalzen), Kuhkäsemolke – Ricotta di vacca oder vacci, Ricotta tipo dolce (ungereift/ungesalzen), Ricotta salata (gesalzen), Ricotta tipo forte (gereift/gesalzen), Ricotta salata affumicata (geräuchert), Ricotta secca (Reibkäse) (fest und hart)

Ricotta sardina

Ursprung: Italien
Region: Sardinien
Art: Frischkäse
Form: zuckerhutförmig
Größe: ∅ ca. 5 cm, Höhe ca. 7–8 cm
Gewicht: ca. 200 g
Äußeres: gerillt, rindenlos, leichter gelblicher Belag
Inneres: weich, schnittfest, weißlich, streichfähig
Lochung: keine
Geschmack: leicht salzig
Besonderes: weitere Bezeichnungen: Ricotta tipo moliterno, Ricotta siciliana, Ricotta vaccina

Frischkäse

Mascherpone (Mascarpone)

Ursprung:	Italien
Region:	Gebiet um Lodi
Art:	Frischkäse (Albuminkäse, Ziegerkäse)
Äußeres:	cremig, quarkähnlich, lose in Behälter oder in Folie verschweißt
Inneres:	weißlich, streichfähig, mit festem Schlagrahm oder Buttermasse vergleichbar
Lochung:	keine
Geschmack:	angenehm mild
Geruch:	Duft nach Milch
Fettgehalt:	45%–55% i. Tr.
Besonderes:	Vorsicht, nimmt schnell fremde Gerüche an/Verwendung: Küche, Desserts, Kuchen, mit Marsalawein und Rum, zu Panettone, Biskuits, Konfitüren

Manouri (Xenia)

Ursprung:	Griechenland
Region:	Larissa
Art:	Molkeneiweißkäse, Ziegerkäse
Form:	Kugel, Wurstform
Größe:	∅ ca. 12 cm, Länge ca. 20 cm
Gewicht:	ca. 1 kg
Äußeres:	rindenlos, in der Folie gereift, reinweiß
Inneres:	reinweiß, fein
Lochung:	keine
Geschmack:	mild, molken-milchartig, zart
Fettgehalt:	ca. 80% i. Tr.
Lagerzeit:	lange Lagerzeit
Besonderes:	Manouri kann auch in getrocknetem Zustand gegessen werden

Caprino (groß), Caprini (klein)

Ursprung:	Italien
Region:	Piemont
Art:	Frischkäse
Form:	Scheiben oder Stange
Größe:	∅ ca. 4–6 cm, Höhe ca. 0,8–1 cm
Gewicht:	ca. 50–60 g
Äußeres:	rindenlos, weiß
Inneres:	weiß, zart, streichbar
Lochung:	keine
Geschmack:	leicht säuerlich, charakteristisch
Fettgehalt:	40%–50% i. Tr.

Robiola Osella

Ursprung:	Italien
Region:	Piemont
Art:	vollfetter Frischkäse
Form:	Quader
Größe:	Länge + Breite ca. 7 cm, Höhe ca. 3 cm
Gewicht:	ca. 250 g
Äußeres:	rindenlos, weiß
Inneres:	feinkörnig, porzellanweiß
Lochung:	keine
Geschmack:	frisch, angenehm säuerlich, würzig mild
Geruch:	säuerlich
Fettgehalt:	bis zu 70% i. Tr.
Reifezeit:	8–15 Tage, nach 35–40 Tagen vollreif
Besonderes:	Eine begehrte Spezialität ist „Robiola del Becco“, der nur im Oktober bis November aus Ziegenmilch hergestellt wird.

Frischkäse

Picandou fermier

Ursprung:	Frankreich
Region:	Bourgogne
Art:	Frischkäse aus Ziegenmilch
Form:	kleine Laibchen
Größe:	∅ ca. 5 cm
Gewicht:	ca. 40 g
Äußeres:	Oberfläche gerillt, weißlich (rindenlos)
Inneres:	weißlich, weich, cremig
Lochung:	keine
Geschmack:	mild, aromatisch
Geruch:	leichter Ziegengeruch
Fettgehalt:	45 % i. Tr.

Saint-Pierre

Ursprung:	Frankreich
Region:	Zentrum
Art:	Ziegenfrischkäse
Form:	Pyramide
Größe:	unterer ∅ 8 cm, Höhe 10 cm
Gewicht:	300 g
Äußeres:	leicht gelbliches Weiß, leichter Schimmelbefall
Inneres:	weiß
Lochung:	keine
Geschmack:	trocken, cremig, intensiv, mit zunehmendem Alter nach Ziegenmilch
Fettgehalt:	45 % i. Tr.

Formaggio di capra

Ursprung:	Italien
Art:	Ziegenfrischkäse
Form:	Zylinder
Größe:	∅ ca. 6,5 cm, Höhe ca. 4 cm
Gewicht:	150 g
Äußeres:	rindenlos, eventuell leichter hellbrauner Belag
Inneres:	weißlich, weich, bröckelig
Lochung:	keine
Geschmack:	typisch, feiner Ziegengeschmack
Fettgehalt:	50 % i. Tr.

Valencay/Levroux

Ursprung:	Frankreich
Region:	Departement Indre
Art:	Ziegenfrischkäse mit Außenschimmel
Form:	Pyramidenstumpf (viereckige Grundfläche)
Größe:	Länge und Breite 3–9 cm/7–8 cm, Höhe ca. 9–11 cm/6–7 cm
Gewicht:	ca. 250 g
Äußeres:	Rinde, dünn, weißgrau, blaugrüne Schimmelschicht, mit Pflanzenkohle
Inneres:	weich, glatt, weißlich
Lochung:	vereinzelt
Geschmack:	sehr fein, ausgeprägtes Ziegenaroma
Geruch:	frisches Ziegenaroma
Fettgehalt:	mind. 45 % i. Tr.
Reifezeit:	ca. 2–4 Wochen

Selles-sur-Cher

Ursprung:	Frankreich
Region:	Mittelwesten und Südosten
Art:	Ziegenweichkäse mit Asche
Form:	flacher Zylinder
Größe:	∅ ca. 8–9 cm, Höhe ca. 2,5–3 cm
Gewicht:	150 g
Äußeres:	leichte Schimmelschicht mit graublauer Holzkohlenasche
Inneres:	weiß, leicht bröckelig
Lochung:	keine
Geschmack:	angenehm mild
Geruch:	mild aromatisch
Fettgehalt:	mind. 45 % i. Tr.
Reifezeit:	3 Wochen

Crottin de Chavignol

Ursprung:	Frankreich
Region:	Departement Cher
Art:	Ziegenweichkäse mit Außenschimmel
Form:	Halbkugel
Größe:	∅ ca. 4–5 cm, Höhe ca. 2,5–3 cm
Gewicht:	ca. 60–80 g
Äußeres:	Oberfläche uneben, natürlich fein, mit bläulichem Schimmelbelag, zum Teil mit dunkler Asche
Inneres:	elfenbeinfarbig, glatt, fest, homogen
Lochung:	keine
Geschmack:	intensiv und unverkennbares Ziegenmilcharoma
Fettgehalt:	55,2 %–56,4 % i. Tr.
Reifezeit:	mind. 10 Tage

Cœur de Chèvre

Ursprung:	Frankreich
Art:	Ziegenweichkäse mit Schimmel- und Holzkohlenstaubbelag
Form:	herzförmig
Größe:	∅ ca. 8 cm, Höhe ca. 3,5 cm
Gewicht:	ca. 230 g
Äußeres:	Oberflächenschimmel weißgräulich und Holzkohlenstaub
Inneres:	weiß, kompakt, schnittfest
Lochung:	keine
Geschmack:	mild, aromatisch
Geruch:	aromatisch, leicht nach Ziege
Fettgehalt:	45 % i. Tr.

Pélardon

Ursprung:	Frankreich
Region:	Departements Gard, Ardèche, Lozère
Art:	Weichkäse aus Ziegenmilch
Form:	kleine Laibchen
Größe:	∅ ca. 6–8 cm, Höhe ca. 3 cm
Gewicht:	ca. 60–90 g
Äußeres:	Oberfläche gelblich, evtl. blau-grau-weiße Schimmelbildung
Inneres:	weißlich, elastisch, geschmeidig
Lochung:	keine
Geschmack:	mild, typisch nach Ziegenmilch
Fettgehalt:	ca. 45 % i. Tr.
Reifezeit:	ca. 1 Woche

Clacbitou

Ursprung:	Frankreich
Region:	Burgund
Art:	Ziegenweichkäse mit Außenschimmel
Form:	hoher Zylinder
Größe:	ca. 5 cm, Höhe ca. 6,5 cm
Äußeres:	Rinde uneben, gelborange mit weißlich, gräulichem Schimmelbelag
Inneres:	glatt, kompakt, blaßgelb, schnittfest
Lochung:	keine
Geschmack:	Ziegenmilcharoma
Fettgehalt:	45 % i. Tr.

Chabichou oder Chabi

Ursprung:	Frankreich
Region:	Departements Vienne, Deux-Sèvres
Art:	Ziegenweichkäse mit Außenschimmel (auch leichte Rotflora oder mit Holzkohle)
Form:	„Bonde-Form", stumpfer Kegel
Größe:	∅ ca. 5,5–6,5 cm, Höhe ca. 5–7 cm
Gewicht:	100–120 g
Äußeres:	Rinde trocken, mit weißem oder grau-grünem Schimmel
Inneres:	weiß, leicht bröckelig, weich, schnittfest
Lochung:	keine
Geschmack:	pikant, typisch Ziegenmilcharoma
Fettgehalt:	mind. 45 % i. Tr.
Lagerzeit:	ca. 30 Tage
Besonderes:	weitere Namen: Chabichou-de-Cahaunay, Chabichou-de-Civray usw.

Ziegen-Cornilly

Ursprung:	Frankreich
Region:	Loiretal
Art:	Ziegenweichkäse mit Außenschimmel
Form:	hoher Zylinder
Größe:	∅ ca. 5,5–6 cm, Höhe ca. 5,5 cm
Gewicht:	250 g
Äußeres:	Rinde ockerfarbig mit weißem bis gräulichem Schimmelbelag
Inneres:	elfenbeinfarbig, kompakt, schnittfest
Lochung:	keine
Geschmack:	nach Ziegenmilch
Geruch:	nach Ziegenmilch
Fettgehalt:	mind. 45% i. Tr.
Besonderes:	mit leicht blauem Schimmel schmeckt er am besten

Fleur Verte

Ursprung:	Frankreich
Region:	Gegend von Périgord
Art:	Ziegenweichkäse mit Kräuterrand
Form:	Laib
Größe:	∅ ca. 20 cm, Höhe ca. 7 cm
Gewicht:	2,5 kg
Äußeres:	Kräuterschicht (kann leichten blau-grünen Schimmel entwickeln)
Inneres:	weich, hellgelb
Lochung:	schlitzlochig
Geschmack:	typischer Kräutergeschmack
Fettgehalt:	45% i. Tr.
Besonderes:	Rinde ist mit feinem Schimmel zum Verzehr geeignet

Caprin

Ursprung: Frankreich
Region: Westküste
Art: Ziegenfrischkäse
Form: dreieckige lange Stange
Gewicht: ca. 1,6 kg
Äußeres: Oberfläche mit Asche
Inneres: weich, geschmeidig, weißlich
Lochung: fast keine
Geschmack: zart, mild
Fettgehalt: 45 % i. Tr.
Besonderes: Caprin sollte mit dem Schneidebogen geschnitten werden

Buches aromatisées

Ursprung: Frankreich
Region: Loiretal
Art: Ziegenfrischkäse
Form: Rolle
Größe: ∅ ca. 5 cm, Länge ca. 15 cm
Gewicht: 210 g
Äußeres: 5 verschiedene Kräuterkrusten (Schnittlauch, Kräuter, Pfeffer, Basilikum, Kümmel)
Inneres: elfenbeinfarbig, cremig, zart
Lochung: keine
Geschmack: fein, typisch nach der Gewürzkruste und Ziegenmilcharoma
Fettgehalt: 45 % i. Tr.
Besonderes: 5 verschiedene Rollen in einer Spanschachtel

Tomme de Chèvre

Ursprung: Frankreich
Region: Périgord
Art: Ziegenweichkäse mit Außenschimmel und Asche
Form: flacher Zylinder
Größe: ∅ ca. 20 cm, Höhe ca. 5–7 cm
Gewicht: ca. 2,5 kg
Äußeres: Oberfläche, starke Schimmelbildung, mit oder ohne Asche
Inneres: weiß, weich, leicht krümelig
Lochung: leichte Bruchlochung
Geschmack: typisches Ziegenaroma
Geruch: milchig, ziegig
Fettgehalt: mind. 45 % i. Tr.

Banon Chèvre

Ursprung: Frankreich
Region: Provence
Art: Ziegenweichkäse
Form: flacher kleiner Zylinder
Größe: ∅ ca. 7 cm, Höhe ca. 3 cm
Gewicht: ca. 80 g
Äußeres: rindenlos, gereift mit weißlich, bläulichem Schimmer, in Kastanienblätter eingewickelt
Inneres: cremefarbig, weich und bröckelig
Lochung: keine
Geschmack: mild bis würzig
Geruch: weinlaubartig
Fettgehalt: 45 %–60 % i. Tr.
Besonderes: verschiedene Arten Frischkäse, auch aus Kuhmilch, eingeschlagen mit Weinblättern und mit Bast umwickelt, auch ohne Blätter mit Gewürzkruste

Sainte-Maure

Ursprung: Frankreich
Art: Ziegenkäse (Rolle) mit weißem Außenschimmel
Form: Rolle
Größe: ∅ ca. 4 cm, Länge ca. 15 cm
Gewicht: ca. 100 g
Äußeres: Weißschimmelrand mit braunen und grauen Flecken
Inneres: unter der Rinde eine Cremeschicht, dann ein weicher, bröckeliger Teig
Geschmack: kräftig ausgeprägtes Ziegenaroma
Fettgehalt: 45 % i. Tr.
Reifezeit: 2–3 Wochen

Chèvre d'Affinois

Ursprung: Frankreich
Art: Ziegenweichkäse
Form: konischer Würfel
Größe: Breite 5,5 cm, Höhe 5 cm
Gewicht: 100 g
Äußeres: Oberfläche leichter Weißschimmel
Inneres: elfenbeinfarbig, halbweich, geschmeidig, schnittfest
Lochung: geschlossen
Geschmack: mild, leichtes Ziegenaroma
Fettgehalt: 45 % i. Tr.

Monte Caprino

Ursprung: Schweiz und Italien
Region: Tessin
Art: Ziegenkäse mit Weißschimmel
Form: kleiner Zylinder
Größe: ∅ 15 cm
Äußeres: leichte Weißschimmelschicht
Inneres: schnittfester, weicher, weißlicher Teig
Lochung: geringe Bruchlochung
Geschmack: typisch nach Ziegenmilch
Geruch: würzig
Fettgehalt: 45% i. Tr.
Besonderes: auch als Kuhmilchkäse im Handel

Roc du Nontroneis

Ursprung: Frankreich
Region: Périgord
Art: Ziegenmilchweichkäse mit weißer Schimmelrinde
Form: Halbkugel
Größe: ∅ ca. 13 cm
Gewicht: ca. 1 kg
Äußeres: Weißschimmelrinde mit gelber Banderole und roten Außenstreifen; es können sich gelbbraune Flecken bilden
Inneres: weißlich, weich, nicht fließend
Lochung: unterschiedliche leichte Bruch-/Schlitzlochung
Geschmack: leichter typischer Ziegenmilchgeschmack
Geruch: leichter Quarkgeruch
Fettgehalt: ca. 45% i. Tr.
Reifezeit: 3 Wochen, in feuchten Kellern gelagert
Besonderes: Trotz ähnlicher Form nicht mit Caperon verwechseln.

Roquefort

Ursprung:	Frankreich
Region:	Aveyron, Korsika, Pyrenäen
Art:	halbfester Schafschnittkäse mit Innenschimmel
Form:	Zylinder
Größe:	∅ ca. 20 cm/19–20 cm, Höhe ca. 9–10 cm/8,5–10,5 cm
Gewicht:	ca. 2,65–2,75 kg
Äußeres:	Oberfläche schmierig, weißlich bis gelblich
Inneres:	speckig, cremefarbig, von blaugrünen und grauen Schimmelpilzadern durchzogen, leicht bröckelig
Lochung:	einige Bruchlöcher
Geschmack:	stark aromatisch, würzig, pikant, charakteristisches Bukett
Geruch:	kräftig, intensiv
Fettgehalt:	50 %–60 % i. Tr.
Reifezeit:	3 Monate
Lagerzeit:	5–10 Monate
Besonderes:	alle Käse ausschließlich in Roquefort gereift

Blauschimmelkäse

Spricht man vom Blauschimmelkäse, denkt man zuerst an den Roquefort. Es ist der einzige Blue, der aus reiner Schafsmilch hergestellt ist.

Ebenso einzigartig ist es, daß durch ein Gesetz vom 26. 7. 1925 seine Herkunftsbezeichnung (Appellation d'origine) geschützt ist.

Ursprünglich durfte nur Milch aus der Gegend von Les Causses oder Larzac verwendet werden. Erst seit der Konsum dieses einmaligen Käses die Milchleistung der Schafe dieser Region überforderte, wurde auch Milch aus anderen Gegenden verwendet. Aber immer noch reift der Käse in den kilometerlangen Höhlen des Berges Combalou, an dessen Hängen der Ort Roquefort liegt, und wird auch dort gelagert.

Casanova meinte von diesem Käse:

„Oh, wie ausgezeichnet sind Chambertin und der Roquefort, um die Liebe wiederherzustellen und eine keimende Liebe rasch zur Reife zu bringen."

Blue oder zu deutsch blau, diese Bezeichnung ist allen Käse vorbehalten mit einem weichen oder halbfesten, mit Schimmel durchwachsenen Teig, geimpft oder nicht, gereift oder gesalzen, mit einem Mindestfettgehalt von 40% i. Tr.

Blauschimmelkäse braucht keine Tierbezeichnung, wenn er aus reiner Kuhmilch hergestellt wird. Bei Zusätzen wie Milch vom Schaf oder von der Ziege muß dies angegeben werden. Nur der Roquefort braucht keinen solchen Hinweis.

Um die in den Käseteig gegebenen Schimmelkulturen besser reifen zu lassen, werden die meisten Edelpilzkäse nach dem Trockenstellen mit Nadeln durchstochen, um mit dem hierdurch eindringenden Sauerstoff das Schimmelwachstum zu fördern.

Blauschimmelkäse

Bleu d'Auvergne

Ursprung:	Frankreich
Region:	Auvergne ist eine Landschaft im französischen Zentralmassiv, welche die Departements Cantal und Puy-de-Dôme umfaßt
Art:	Innenschimmelkäse
Form:	flacher Zylinder
Größe:	∅ ca. 20 cm, Höhe ca. 8–10 cm
Gewicht:	2–2,5 kg
Äußeres:	Oberfläche gelb bis gelbbraun, mehr oder weniger trocken
Inneres:	cremefarbig bis leicht gelb, mit dunkelgrünen und blauen Innenschimmeladern durchzogen
Lochung:	geschlossen, nur einige Bruchlöcher, geschmeidiger als der Roquefort
Geschmack:	aromatisch bis pikant nach Alter, Pilzgeschmack
Fettgehalt:	ca. 40 % i. Tr.
Reifezeit:	bis 2 Monate
Lagerzeit:	in Alufolie mehrere Wochen

Castello Blue

Ursprung:	Dänemark
Art:	Weichkäse mit Innenschimmel
Form:	zylindrischer Laib
Gewicht:	ca. 3 kg
Äußeres:	rindenlos, weißliche Außenfläche
Inneres:	weiß, sahnig, weich, mit blauen Schimmeladern durchzogen
Lochung:	leichte Bruchlochung
Geschmack:	charakteristisch, mild und sahnig
Fettgehalt:	ca. 70 % i. Tr.
Reifezeit:	1½–2 Wochen
Besonderes:	ähnlich wie Danablu

Bleu des Causses

Ursprung:	Frankreich
Region:	Zentralmassiv
Art:	Blauschimmelschnittkäse
Form:	Zylinder
Größe:	Höhe ca. 9 cm
Gewicht:	ca. 2–3 kg
Äußeres:	Oberfläche elfenbeinfarbig bis bräunlich, rindenlos
Inneres:	elfenbeinfarbig, cremig, mit blauen Schimmeladern durchzogen, schnittfest
Lochung:	verschieden große Bruchlöcher
Geschmack:	aromatisch
Fettgehalt:	45% i. Tr.
Reifezeit:	2–6 Monate

Bon Bleu

Ursprung:	Dänemark
Herst.-Land:	Österreich
Art:	schnittfester Blauschimmelkäse
Form:	Dreieck, Zylinder
Gewicht:	Dreieck 100 g, Zylinder 1,5–3 kg
Äußeres:	rindenlos, gelblichweiß
Inneres:	gleichmäßig mit blaugrünen Adern durchzogen, weichschnittig, streichfähig
Lochung:	leichte Lochung
Geschmack:	pikant bis scharf, salzig, würzig, gereift schärfer
Fettgehalt:	ca. 50% i. Tr.
Besonderes:	ähnlich wie Gorgonzola

Gorgonzola dolce

Ursprung:	Italien, Piemont, Lombardei
Region:	im Dorf Gorgonzola, nahe von Mailand
Art:	vollfetter, weicher Blauschimmelkäse
Form:	zylindrische Form
Größe:	∅ 25–30 cm, Höhe 18–22 cm
Gewicht:	ca. 11–13 kg
Äußeres:	rauhe, rötliche Rinde
Inneres:	kompakter weißer bis strohgelber Teig, von blaugrünen Adern durchwachsen
Lochung:	kleine, unregelmäßige Löcher
Geschmack:	aromatisch, pikant
Fettgehalt:	mind. 48% i. Tr.
Reifezeit:	2–3 Monate in den Felsengrotten bei dem Ort Gorgonzola
Besonderes:	Gorgonzola piccante wird mit anderen reifungsaktiven Schimmelstämmen behandelt und ist hierdurch schärfer im Geschmack als der Gorgonzola dolce.

Gorgonzola piccante

Ursprung:	Italien, Piemont, Lombardei
Region:	im Dorf Gorgonzola, nahe von Mailand
Art:	vollfetter, weicher Blauschimmelkäse
Form:	zylindrische Form
Größe:	∅ 25–30 cm, Höhe 18–22 cm
Gewicht:	ca. 11–13 kg
Äußeres:	rauhe, rötliche Rinde
Inneres:	kompakter weißer bis strohgelber Teig, von blaugrünen Adern durchwachsen
Lochung:	kleine, unregelmäßige Löcher
Geschmack:	aromatisch, pikant bis scharf
Fettgehalt:	mind. 48% i. Tr.
Reifezeit:	2–3 Monate in den Felsengrotten bei dem Ort Gorgonzola
Besonderes:	Gorgonzola piccante wird mit anderen reifungsaktiven Schimmelstämmen behandelt und ist hierdurch schärfer im Geschmack als der Gorgonzola dolce.

Kordonnet Finello

Ursprung: Dänemark
Art: Innenschimmelweichkäse mit Naturrinde
Form: flacher Zylinder
Größe: ∅ ca. 25 cm
Gewicht: ca. 1,25 kg
Äußeres: Naturrinde dünn, bräunlich
Inneres: strohgelb, geschmeidig, schnittfähig, mit blauen Schimmeladern durchzogen
Lochung: leichte Bruchlochung
Geschmack: fein aromatisch, leicht und mild
Fettgehalt: ca. 55% i. Tr.

Österzola

Ursprung: Italien
Herst.-Land: Österreich
Art: Grünschimmelkäse, halbfester Schnittkäse
Form: Zylinder
Größe: ∅ ca. 19 cm, Höhe ca. 5–6 cm
Gewicht: ca. 1,6–3 kg
Äußeres: gelblichweiß
Inneres: gleichmäßig von Grünschimmeladern durchzogen
Lochung: leichte Bruchlochung
Geschmack: salzig, pikant bis scharf, aromatisch, ausgereift pikanter
Fettgehalt: 55% i. Tr.

Blauschimmelkäse

Dunsyre Blue

Ursprung:	Großbritannien
Region:	Schottland, Gegend von Dunsyre
Art:	Blauschimmelkäse
Form:	flacher Laib
Größe:	∅ ca. 20 cm, Höhe ca. 5 cm
Gewicht:	2 kg
Äußeres:	Naturrinde, uneben, grauweiß
Inneres:	leicht mit Blauschimmel durchwachsen
Lochung:	fast keine
Geschmack:	pikant
Fettgehalt:	ca. 52 % i. Tr.
Reifezeit:	ca. 3 Monate
Besonderes:	handgemachter Käse, in der Form gereift

Blue Cheshire

Ursprung:	Großbritannien
Region:	Mittel-Westengland
Art:	halbfester Edelschimmelkäse
Form:	Zylinder
Größe:	∅ ca. 20 cm, Höhe ca. 20 cm
Gewicht:	3,5–4 kg
Äußeres:	naturgereifte Rinde, dünn, mit leichtem Schimmelbelag
Inneres:	Blauschimmeladern, seidig, glänzend, mittelfest, körnig, gelblich
Lochung:	fast keine
Geschmack:	rein, kräftig
Fettgehalt:	ca. 50 % i. Tr.
Reifezeit:	schnelle Reifung 3–4 Wochen, langsame Reifung 3–4 Monate
Besonderes:	einer der ältesten Käse Englands

Cashel Blue

Ursprung: Großbritannien
Herst.-Land: Südirland
Art: Innenschimmelkäse, halbfester Schnittkäse
Form: Zylinder
Gewicht: ca. 1,6 kg
Äußeres: gewachsene hellbraune Rinde
Inneres: graugrünlicher Edelschimmel
Lochung: leichte Lochung
Geschmack: würzig, teilweise leicht salzig, bitter
Fettgehalt: 50%–54% i. Tr.
Reifezeit: ca. 10 Wochen

Blue Stilton

Ursprung: Großbritannien
Region: Grafschaften Leicester, Derby und Nottinghamshire
Art: halbfester Blauschimmelkäse
Form: Zylinder
Größe: verschiedene Größen
Gewicht: 150 g/300 g/1,3 kg/8 kg (auch in Keramiktöpfchen)
Äußeres: Rinde dünn, feucht, runzelig, bräunlich
Inneres: Schimmeladern von innen nach außen verteilt, samtig fest, bröckelig, flockig
Lochung: leicht offen
Geschmack: pikant, rein, mild
Fettgehalt: ca. 50% i. Tr.
Reifezeit: ca. 4–6 Monate, am besten von November bis April
Lagerzeit: Haltbarkeit ca. 2 Monate
Besonderes: White Stilton, Mittelengland, Rinde glatt, rein, Teig fest, krümelig, offen, Geschmack mild, rein

Kordonnet Bellicini

Ursprung:	Dänemark
Art:	Innenschimmelweichkäse mit weißer Edelschimmelrinde
Form:	flacher Zylinder
Größe:	ca. 24 cm
Gewicht:	ca. 1,25 kg
Äußeres:	Edelschimmelrinde, weiß
Inneres:	hellgelb, cremig, mit leichtem Blauschimmelwuchs, schnittfest
Lochung:	vereinzelt
Geschmack:	mild, sahnig, frisch, schmelzend
Fettgehalt:	ca. 70% i. Tr.

Bresso

Herst.-Land:	Deutschland (Allgäu)
Art:	Weichkäse mit zartem Blauschimmel
Form:	flacher Laib
Größe:	∅ 27 cm, Höhe 5 cm
Gewicht:	2 kg
Äußeres:	dichte weiße Schimmelschicht
Inneres:	gelblich, geschmeidig, mit Blauschimmeladern durchzogen, schnittfest
Lochung:	einige Bruchlöcher
Geschmack:	milder Blauschimmelgeschmack, im Alter kräftiger
Fettgehalt:	70% i. Tr.

Cambozola

Herst.-Land: Deutschland (Allgäu)
Art: Weichkäse mit Blauschimmel (natürlich gereift)
Form: Torte
Größe: ∅ ca. 25 cm, Höhe ca. 5–6 cm
Gewicht: 2,2 kg
Äußeres: weiße Edelschimmeloberfläche, gleichmäßig überzogen, gerillt
Inneres: elfenbeinfarbig, cremig, streichfähig, feine Blauschimmelmaserung
Lochung: vereinzelte Bruchlöcher
Geschmack: mild, sahnig, pikant, leicht säuerlich
Fettgehalt: 70% i. Tr.

Dolce Bianca

Ursprung: Italien
Herst.-Land: Österreich
Art: Doppeledelpilzkäse = Weißblauschimmelkäse
Form: Ring, Halblaib, kleine Portion
Größe: Ring ∅ ca. 20 cm, Höhe ca. 4–5 cm
Gewicht: Ring 1,3 kg
Äußeres: weiße Schimmelrinde, gewachsen, eßbar, flaumig, weich
Inneres: gereift – gelblich-fließend, jung – schnittfest, topfig, mit weiß-blauem Schimmel durchwachsen
Lochung: leichte Lochung
Geschmack: jung – rahmig, mild, gereift – kräftig, pikant
Fettgehalt: ca. 65% i. Tr.
Reifezeit: mind. 3 Wochen

Blauschimmelkäse

Trautenfelser

Ursprung:	Österreich
Art:	Edelschimmelschafkäse, halbfester Schnittkäse
Form:	Laib, Zylinder
Größe:	Laib: ∅ ca. 11–12 cm, Höhe ca. 5 cm
Gewicht:	ca. 500 g
Äußeres:	weiße Schimmelschicht
Inneres:	weichschnittig, mit blauem Schimmel durchwachsen
Lochung:	wenige, unterschiedliche Löcher
Geschmack:	typisch Schafmilch, würzig, aromatisch
Fettgehalt:	ca. 50 % i. Tr.
Reifezeit:	mehrere Monate

Bleu de Chèvre „Le Bleuet"

Ursprung:	Frankreich
Region:	Gebiet von Charentes, Poitou, Loiretal
Art:	Ziegenkäse mit Blauschimmel
Form:	dreieckige Stange
Größe:	ca. 25 cm, Seitenlänge ca. 10 cm
Gewicht:	ca. 1,5 kg
Äußeres:	weiß-bräunliche Schimmelrinde mit leichter Struktur
Inneres:	markante Blauschimmeladern, von oben bis unten durchzogen, pastenartig, schnittfest, cremeweiß
Lochung:	keine
Geschmack:	aromatisch, typischer Ziegenmilchgeschmack
Fettgehalt:	45 % i. Tr.

Lanark Blue

Ursprung: Großbritannien
Region: Schottland
Art: Schafkäse mit Blauschimmel (handgemacht)
Form: Laib
Größe: ∅ ca. 20 cm, Höhe ca. 10 cm
Gewicht: ca. 1,25 kg
Äußeres: Naturrinde, uneben, graubraun
Inneres: hellgelb, mit starken Blauschimmeladern, von oben nach unten verlaufend
Lochung: leichte Lochung
Geschmack: eigenwillig und typisch
Fettgehalt: 40%–52% i. Tr.

Pastor Picón

Ursprung: Spanien
Region: Asturien
Art: halbfester Blauschimmelkäse
Form: Zylinder
Größe: ∅ ca. 18 cm, Höhe ca. 10 cm
Gewicht: ca. 3 kg
Äußeres: mit Blättern (Ahorn) umwickelt
Inneres: cremefarbig, weich, leicht bröselig, geschmeidig, mit blauen Schimmeladern
Lochung: keine
Geschmack: streng, ziemlich scharf, pikant
Fettgehalt: ca. 45% i. Tr.
Besonderes: wird in Höhlen gereift, in denen sich das „Penicillium Roqueforti" auf natürliche Weise entwickelt und in den Käse dringt sowie mit blauen Adern durchzieht

Südsteirischer Hauerkäse

Ursprung: Österreich
Region: Steiermark
Art: halbfester Weich- bis Schnittkäse (oberflächengereift)
Form: Laibchen
Größe: ∅ ca. 8 cm, Höhe ca. 2,5 cm
Gewicht: 125 g, ca. 400 g, ca. 600 g
Äußeres: Naturrinde rötlich, bräunlich, eßbar
Inneres: cremig, weich, schnittfest
Lochung: geringe, unregelmäßige Schlitzlochung
Geschmack: würzig bis pikant
Fettgehalt: ca. 60 %/ca. 65 % i. Tr.

Weißlacker

Ursprung: Deutschland
Region: Süddeutschland
Art: Weichkäse oder auch halbfester Schnittkäse
Form: Würfel
Gewicht: ca. 1,7 kg oder 60 g
Äußeres: rindenlos, Oberfläche weißgelblich, dünnflüssig, schmierig
Inneres: hell, halbfest, speckig
Lochung: wenige Bruchlöcher
Geschmack: sehr pikant bis leicht scharf
Geruch: intensiv
Fettgehalt: 40 % i. Tr. (Fettstufe), 45 % i. Tr., 50 % i. Tr. (Vollfettstufe), 50 % i. Tr. (Rahmstufe)
Reifezeit: 5–6 Monate (gelegentlich 12 Monate)

Weißlacker – Quartirolo

Ein hauptsächlich in Süddeutschland beliebter Käse ist der Weißlacker. Heute wird er meist unter der Bezeichnung Bierkäse vertrieben. Er ist ein treffendes Beispiel für einen Käse, der schon nach gut einem Monat verbraucht werden kann, der aber auch nach einer Lagerung von 12 Monaten genießbar ist.

Der heute Quartirolo genannte Käse hieß ursprünglich Taleggio; er liegt ebenfalls am Übergang von einem weichen zu einem halbfesten Käse. Eine leicht rosagraue Schimmelschicht zeigt seine Reife an, in diesem Zustand kommt er in den Verkehr.

Der Teig des eigentlichen Taleggios (Seite 128) ist wesentlich fester als der des Quartirolo und zählt damit zu den echten halbfesten Käsen. Trotz des fast gleichen Teiges ist er erst nach einer weit längeren Reifezeit mit einem geschlossenen Schimmelüberzug von rötlichgrauer Färbung überwachsen.

So wie der Weißlacker und der Quartirolo sind auch die auf den folgenden Seiten dargestellten Käse schon in ihrem Weichkäsezustand sehr gut genießbar. In der Folgezeit ist es für diese Käsesorten aber ganz wesentlich, daß sie sachgerecht gelagert werden, um sie zu einem halbfesten oder festen Käse reifen zu lassen.

(Taleggio-Art) Quartirolo

Ursprung:	Italien
Region:	Lombardei
Art:	weich-halbfester Schnittkäse
Form:	Block
Größe:	Länge + Breite 20–25 cm, Höhe 6–7 cm
Gewicht:	2–2,5 kg
Äußeres:	rindenlos, Außenfläche rosagrau, uneben, dünne Haut, leicht verkrustet
Inneres:	weißlich, weich, bröckelig
Lochung:	vereinzelte, unterschiedliche Lochung
Geschmack:	säuerlich
Fettgehalt:	50%–55% i. Tr.
Reifezeit:	45–60 Tage

Bad Aiblinger

Ursprung:	Deutschland
Region:	Bad Aibling/Oberbayern
Art:	halbfester Schnittrahmkäse
Form:	flacher quadratischer Block
Größe:	∅ 20–20 cm, Höhe ca. 6 cm
Gewicht:	1,8 kg
Äußeres:	weiße dichte Schimmeldecke
Inneres:	zartgelb, schnittfest, geschmeidig
Lochung:	unregelmäßige kleine Lochung
Geschmack:	vollmundig, mild, cremig
Geruch:	säuerlich, rahmig
Fettgehalt:	55 % i. Tr. (Rahmstufe)
Lagerzeit:	Haltbarkeit ca. 4 Wochen bei 4–6 °C

Frankenrolle

Ursprung:	Deutschland
Region:	Bayern
Art:	halbfester Schnittkäse mit Außenschimmelbelag
Form:	Rolle
Größe:	∅ ca. 8–9 cm, Länge ca. 20 cm
Gewicht:	1,2 kg
Äußeres:	Rinde geschlossen, mit Edelschimmel überzogen
Inneres:	hellgelb, kompakt, schnittfest, mit Schnittlauch und Knoblauch
Lochung:	unregelmäßige Lochung
Geschmack:	fein säuerlich, herb, typischer Knoblauchgeschmack
Geruch:	starker Kräutergeruch
Fettgehalt:	Rahmstufe mind. 50 % i. Tr.
Lagerzeit:	ca. 4 Wochen bei 5–10 °C

Cremeroll

Ursprung:	Deutschland
Region:	Allgäu
Art:	halbfester Weichkäse
Form:	Rolle
Größe:	Höhe ca. 8 cm, Länge ca. 25 cm
Gewicht:	1 kg
Äußeres:	dichte weiße Schimmelschicht
Inneres:	fein gelblich
Lochung:	einige Bruchlöcher
Geschmack:	leicht säuerlich
Geruch:	leicht säuerlich
Fettgehalt:	60 % i. Tr.

Caperon d'Auvergne

Ursprung:	Frankreich
Region:	Auvergne
Art:	weich bis halbfester Schnittkäse mit Knoblauch und Pfeffer und Außenschimmel
Form:	Halbkugel
Größe:	∅ ca. 9 cm, Höhe ca. 7 cm
Gewicht:	ca. 400–700 g
Äußeres:	Schimmelrinde dünn, weiß mit gelben Bändern, voll gereift mit leichter Rotschmiere, Strohmattenstruktur
Inneres:	geschmeidig, hellgelb, leicht bröckelig, mit Gewürzen
Lochung:	einige Bruchlöcher
Geschmack:	eigenwillig, streng säuerlich, typisch, Pfeffer und Knoblauch
Fettgehalt:	40 % i. Tr.

Steinbuscher

Ursprung: Deutschland
Region: Allgäu
Art: halbfester Schnittkäse (zweiwärmiger Käse), Zwischending zwischen Tilsiter und Limburger
Form: Quader
Größe: Länge und Breite ca. 11 cm, ca. 8 cm
Gewicht: ca. 0,7 kg, 0,25 kg
Äußeres: rotbraune bis rötliche Schmiere
Inneres: blaßgelb, geschmeidig, schnittfest, Reifung von außen nach innen
Lochung: unregelmäßige Bruchlöcher
Geschmack: jung – mild, gereift – pikant
Geruch: im Alter zunehmend kräftiger
Fettgehalt: 30%/45%/50% i. Tr.
Reifezeit: ca. 6–8 Wochen

Weinkäse

Herst.-Land: Deutschland (Bayern)
Art: halbfester Schnittkäse mit Rotschmiere
Form: kleiner runder Zylinder
Größe: ∅ ca. 5 cm, Höhe ca. 3 cm
Gewicht: 62, 5 g (auch größere Abmessungen)
Äußeres: Rotschmiererinde rötlich, braun, leicht feucht
Inneres: weich, elastisch, schnittfest, hellgelb
Lochung: verschieden große Lochung
Geschmack: herzhaft, kräftig
Fettgehalt: 45% i. Tr. (vollfett)
20% i. Tr. (leicht)

Münsterkäse

Ursprung:	Frankreich
Herst.-Land:	Deutschland (Allgäu)
Art:	Weichkäse mit Rotschmiere (halbfester Schnittkäse)
Form:	runde Scheibe (Kleinmünster)
Größe:	∅ ca. 8 cm, Höhe ca. 2,5 cm
Gewicht:	ca. 125 g
Äußeres:	Haut mit Rotschmiere, hellgelb, rötlich, mit leichtem Schimmelbelag, weiß
Inneres:	weißlich bis gelb, geschmeidig
Lochung:	geschlossen, mit Bruchlochung
Geschmack:	mild und fein, pikant
Fettgehalt:	ca. 45% i. Tr.
Reifezeit:	ca. 6–10 Wochen
Lagerzeit:	lange Haltbarkeit

(Klosterkäse) St. Marei

Ursprung:	Deutschland
Region:	Niederbayern
Art:	schnittfester Außenschmierekäse
Form:	flacher Laib
Größe:	∅ ca. 20 cm, Höhe ca. 4 cm
Gewicht:	ca. 1,7 kg
Äußeres:	Schmiererinde trocken, rötlichbraun, mit leichter Struktur
Inneres	hellgelb, matt bis glänzend, geschmeidig, schnittfest
Lochung:	unregelmäßig, kleine runde und schlitzförmige Lochung
Geschmack:	würzig bis pikant, leicht säuerlich
Geruch:	würzig bis pikant, leicht säuerlich
Fettgehalt:	ca. 60% i. Tr.

Wolfachtaler

Ursprung:	Deutschland
Region:	Bayern
Art:	Rotschmiereschnittkäse
Form:	Laib
Größe:	∅ ca. 20 cm, Höhe ca. 7 cm
Gewicht:	2,6 kg
Äußeres:	Rotschmiereoberfläche, leicht angetrocknet, mit Milchschimmelbefall, gelbbraun (Gitterstruktur auf Flachseite)
Inneres:	schnittfest, geschmeidig, hellgelb
Lochung:	kleine, runde und schlitzförmige Bruchlöcher
Geschmack:	pikant, dumpf, säuerlich
Geruch:	herb
Fettgehalt:	55% i. Tr.

Pinzgauer Bierkäse

Ursprung:	Österreich
Region:	Oberösterreich, Tirol
Art:	Schnittkäse (Bierkäse)
Form:	Laib, Block
Größe:	Laib: Länge ca. 15 cm, Breite ca. 8 cm, Höhe ca. 3 cm
Gewicht:	1,5 kg
Äußeres:	Oberfläche angetrocknete rotbraune Schmiere (Naturrinde), Milchschimmel
Inneres:	gelb bis elfenbeinfarbig, schnittfest, geschmeidig
Lochung:	unregelmäßige Schlitz- und gerstenkorngroße Lochung
Geschmack:	typisch, leicht pikant, herb-salzig
Fettgehalt:	ca. 15% i. Tr.
Reifezeit:	ca. 2 Monate
Besonderes:	Auch unter dem Namen Tiroler bekannt.

(Mönchkäse) St. Marei

Herst.-Land: Deutschland (Bayern)
Art: halbfester Rotschmiereschnittkäse
Form: Laib
Größe: ∅ ca. 15 cm, Höhe ca. 4 cm
Gewicht: ca. 800 g
Äußeres: Rotschmiererinde geschmeidig, rotbraun
Inneres: matt bis glänzend, zartgelb, halbfest, schnittfest
Lochung: unregelmäßige, kleine Rund- und Schlitzlochung
Geschmack: mild bis leicht pikant, fein säuerlich
Geruch: aromatisch bis leicht pikant
Fettgehalt: ca. 60 % i. Tr.

Esrom

Ursprung: Dänemark
Region: nördl. Teil von Seeland (Name von der Klosterstadt Esrom)
Art: halbfester Schnittkäse
Form: flach, rechteckig
Größe: Länge ca. 21–22 cm, Breite 10–12 cm, Höhe ca. 4–5 cm
Gewicht: 1–1,5 kg
Äußeres: Rinde dünn gelblich, mit Schmiere oder mit gelbem Käsewachs überzogen
Inneres: gelblich, weich, schnittfest
Lochung: viele reiskorngroße Löcher
Geschmack: leicht säuerlich, pikant
Fettgehalt: mind. ca. 45 %–ca. 60 % i. Tr.
Reifezeit: 2–5 Wochen
Besonderes: Varianten mit Kümmel und Kräutern

St. Patron

Ursprung: Frankreich
Herst.-Land: Österreich
Art: halbfester Tafel-Schnittkäse (handgekäst)
Form: Laib
Größe: ∅ ca. 16 cm, Höhe ca. 4–5 cm
Gewicht: ca. 1,8 kg, 3,4 kg, 4 kg
Äußeres: eßbare Rotschmiererinde mit zartem Milchschimmel
Inneres: gelb, weich, geschmeidig
Lochung: kleine Rundlöcher
Geschmack: vollmundig, mildaromatisch bis pikant
Fettgehalt: ca. 35 %/45 %/65 % i. Tr.
Reifezeit: ca. 6 Wochen

Waterloo

Ursprung: Belgien
Art: halbharter Schnittkäse
Form: flacher Laib
Größe: ∅ ca. 29 cm, Höhe ca. 5,5 cm
Gewicht: ca. 3,8 kg
Äußeres: Rinde rötlichgelb mit Kunststoffüberzug
Inneres: gelb, geschmeidig
Lochung: unregelmäßige, mittelgroße Bruchlochung
Geschmack: vollmundig, buttrig, säuerlich
Fettgehalt: ca. 48 % i. Tr.

Kernhemse kaas

Ursprung:	Niederlande
Region:	Landgut Kernhem
Art:	halbfester Schnittkäse mit Rotschmiere
Form:	flacher Zylinder
Größe:	∅ 23–25 cm, Höhe ca. 5 cm
Gewicht:	ca. 1,6–1,8 kg
Äußeres:	Rotschmierebelag, orangefarbig, mit Kunststoffüberzug
Inneres:	goldgelb, geschmeidig, klebrig
Lochung:	kaum Lochung
Geschmack:	aromatisch, rahmig
Fettgehalt:	60 % i. Tr.
Reifezeit:	ab 4 Wochen, wird jung gegessen

Père Joseph

Ursprung:	Belgien
Art:	halbfester Schnittkäse
Form:	abgeplatteter Laib
Größe:	∅ 21 cm, Höhe 5 cm
Gewicht:	ca. 3,5 kg
Äußeres:	trocken, mit dünner dunkelbrauner Plastikhaut überzogen
Inneres:	buttergelb, geschmeidig
Lochung:	gleichmäßige, mittelgroße Löcher
Geschmack:	mild, würzig, pikant
Geruch:	leicht würzig
Fettgehalt:	50 % i. Tr.
Reifezeit:	6–7 Wochen

St. Severin Klosterkäse

Herst.-Land:	Österreich
Art:	schnittfester Weichkäse mit Rotschmiere
Form:	Torte
Größe:	∅ ca. 20 cm, Höhe ca. 3 cm
Gewicht:	ca. 1,2 kg
Äußeres:	Naturrinde, rötlichgelb
Inneres:	cremig, weich, hellgelb, schnittfest
Lochung:	unterschiedlich große Lochung
Geschmack:	mild, leicht, pikant, würzig nach Alter
Fettgehalt:	ca. 55 % i. Tr.

Saint-Nectaire

Ursprung:	Frankreich
Region:	Zentralmassiv
Art:	halbfester Schnittkäse
Form:	Laib
Größe:	∅ ca. 21 cm, Höhe ca. 5 cm; Petit ∅ 13–18 cm, Höhe 3 cm
Gewicht:	ca. 1,75 kg, Petit 0,6–1 kg
Äußeres:	Rinde dünn, ockerfarbig, mit gelb-roten Schimmelpilzen bewachsen
Inneres:	speckig, nicht laufend, hellgelb, elastisch
Lochung:	sehr gering
Geschmack:	aromatisch, fein nach Haselnüssen, ähnlich dem Cantal
Fettgehalt:	ca. 45 % i. Tr.
Reifezeit:	bis 2 Monate

Reblochon

Ursprung:	Frankreich
Region:	Departement Haute-Savoie
Art:	halbfester Schnittkäse
Form:	Laib
Größe:	1. ∅ ca. 13–15 cm, Höhe ca. 3–4 cm, 2. Petit Reblochon ∅ 9 cm, Höhe ca. 3–4 cm
Gewicht:	1. 500 g, 2. 250 g
Äußeres:	Rinde blaßrosa bis safrangelb, stellenweise weiße Zonen (Torula candida)
Inneres:	Teig blaßgelb, speckig, weich bis laufend, geschlossen
Lochung:	gering
Geschmack:	würzig, leicht nußartig
Geruch:	mild
Fettgehalt:	ca. 45 % i. Tr./ Bauern-Reblochon 50 % i. Tr.
Reifezeit:	7–8 Tage
Besonderes:	weitere Sorten: Bauern-Reblochon = Reblochon fermier, Colombière

Morbier

Ursprung:	Frankreich
Region:	Franche-Comté
Art:	fester Schnitt- und Hartkäse
Form:	Laib
Größe:	∅ 35–45 cm/35–38 cm, Höhe 7–10 cm/7 cm
Gewicht:	8,5–12 kg
Äußeres:	Rinde beige, leichte Struktur, leichte Schmierebildung, körnig
Inneres:	weiß- bis elfenbeinfarbig, 1 mm dicke Rußschicht durch die Mitte des Laibes, weich, geschmeidig
Lochung:	verschieden große Rundlöcher
Geschmack:	angenehm leicht, leicht fruchtig
Fettgehalt:	45 %–51,1 % i. Tr.
Reifezeit:	ca. 50 Tage

Steirischer Knappenkäse

Ursprung:	Österreich
Region:	Steiermark
Art:	halbfester Schnittkäse, Rotschmiereschafkäse
Form:	Laib
Größe:	∅ ca. 11–12 cm, Höhe ca. 4 cm
Gewicht:	ca. 0,4–1,8 kg
Äußeres:	Naturrinde rotgeschmiert mit leicht weißlichem Schimmelbelag
Inneres:	weich, geschmeidig, schnittfest, strohgelb
Lochung:	reichliche, unterschiedliche Lochung
Geschmack:	typisch nach Schafmilch, mild
Geruch:	mild
Fettgehalt:	ca. 45% i. Tr.
Besonderes:	ähnliche Käsesorten Prinzentaler, Lammessa

Ziegette

Ursprung:	Österreich
Art:	Ziegen-Kuh-Rotschmiere-Schnittkäse
Form:	Laib
Größe:	∅ ca. 14 cm, Höhe ca. 5 cm
Gewicht:	900 g
Äußeres:	eßbare Rotschmiererinde, hellbraun
Inneres:	gelblich, schnittfest
Lochung:	unregelmäßige, vereinzelte Lochung
Geschmack:	kräftig bis pikant
Fettgehalt:	ca. 45% i. Tr.
Reifezeit:	mehrere Wochen

Steirischer Selchkäse

Ursprung:	Österreich
Region:	Steiermark
Art:	Schnittkäse aus Schaf- und Kuhmilch (geräuchert)
Form:	Laib, Kuppel
Größe:	Kuppel ∅ ca. 14 cm, Höhe ca. 6–7 cm
Gewicht:	Kuppel ca. 900 g
Äußeres:	geräuchert, goldgelb, rindenlos
Inneres:	je nach Lagerung topfig, geschmeidig
Lochung:	keine
Geschmack:	rauchig, mit eindeutigem Schafmilch-geschmack
Fettgehalt:	mind. 45% i. Tr.
Besonderes:	selchen = räuchern

Coburger Mohr

Ursprung:	Deutschland
Region:	Bayern
Art:	halbfester Butterschnittkäse
Form:	Laib
Größe:	Höhe 6–7 cm, Länge 20 cm
Gewicht:	ca. 1 kg
Äußeres:	hellbraun, geräuchert, mit Mandeln gespickt
Inneres:	buttergelb, weich, schnittfest
Lochung:	leichte, unregelmäßige Lochung
Geschmack:	delikat, geräuchert, vollmundig
Geruch:	geräuchert
Fettgehalt:	ca. 56% i. Tr. (Rahmstufe)
Lagerzeit:	ca. 6 Wochen

Boterkaas

Ursprung:	Niederlande
Art:	halbfester Schnittkäse
Form:	Quader mit abgerundeten Ecken und Kanten
Größe:	Länge ca. 24 cm, Breite ca. 14 cm, Höhe ca. 8–10 cm
Gewicht:	2,7 kg
Äußeres:	rindenlos, in Folie eingeschweißt
Inneres:	stroh- bis buttergelb, geschmeidig, schnittfest
Lochung:	gering, unterschiedlich groß
Geschmack:	fein, mild
Fettgehalt:	50 % i. Tr.
Reifezeit:	ca. 5 Wochen

Original Murecker

Ursprung:	Österreich
Art:	Butterkäse
Form:	Laib, Laibchen, Stange
Größe:	Laibchen: ∅ 8 × 12 cm, Höhe ca. 5 cm
Gewicht:	Laibchen: ca. 500 g; Laib: ca. 1–1,5 kg
Äußeres:	Rinde paraffiniert, rötlichgelb
Inneres:	hellgelb, geschmeidig, schnittfest
Lochung:	unregelmäßige Lochung
Geschmack:	fein, säuerlich, buttrig
Fettgehalt:	ca. 45 % i. Tr.
Reifezeit:	mehrere Wochen
Besonderes:	wird in Österreich unter verschiedenen Namen hergestellt

Butterkäse

Ursprung:	Deutschland
Region:	Bayern
Art:	Butterschnittkäse
Form:	Rolle
Größe:	∅ 8 cm, Länge 24 cm
Gewicht:	1,5 kg
Äußeres:	goldgelb, in Folie geschweißt (oft mit Käsefarbe)
Inneres:	goldgelb, geschmeidig, schnittfest, elastisch
Lochung:	kleine, vereinzelte Löcher
Geschmack:	mild, fein säuerlich, typisch nach Butter
Geruch:	mild, fein säuerlich, typisch nach Butter
Fettgehalt:	50 % i. Tr.
Reifezeit:	ca. 30 Tage
Lagerzeit:	6–8 Wochen bei 6–8 °C

Klosterkäse

Ursprung:	Deutschland
Region:	Bayern
Art:	halbfester Butterkäse
Form:	Laib
Größe:	∅ ca. 22 cm, Höhe ca. 7 cm
Gewicht:	ca. 2 kg
Äußeres:	rindenlos, mit Wachs überzogen
Inneres:	elfenbeinfarbig, mattglänzend
Lochung:	unregelmäßige, kleine Bruchlochung
Geschmack:	mild, säuerlich
Fettgehalt:	mind. 50 % i. Tr. (Rahmstufe)
Lagerzeit:	Haltbarkeit 6–8 Wochen bei 8–10 °C
Besonderes:	Kochsalz reduziert

Schweizer Tilsiter

Ursprung: Stadt Tilsit (Memelland)
Herst.-Land: Schweiz (Ostschweiz)
Art: halbharter Schnittkäse ohne Schmiere
Form: Laib
Größe: ∅ ca. 25 cm,
Höhe ca. 8–9 cm (12 cm)
Gewicht: 3–6 kg
Äußeres: Rinde rötlichbraun, feucht
Inneres: kompakt, hellgelb
Lochung: vereinzelte erbsen- und kirschkerngroße Löcher
Geschmack: mild bis aromatisch-kräftig
Fettgehalt: mind. 55 % i. Tr. (Rahm-Tilsiter)
mind. 45 % i. Tr. (vollfett)
mind. 25 % i. Tr. (halbfett)
mind. 15 % i. Tr. (viertelfett)
Reifezeit: 2–3 Monate mild, ab 4 Monate aromatisch
Besonderes: Schweizer Tilsiter aus Rohmilch (rotes Etikett), Schweizer Tilsiter aus pasteurisierter Milch (grünes Etikett), sehr kleine Lochung gegenüber den anderen Tilsitern

Der alte Mommark

Ursprung: Dänemark
Art: halbfester Schnittkäse
Form: Block, Stange
Gewicht: ca. 4,2 kg
Äußeres: Rinde schmierig, hell-ockerfarbig
Inneres: hellgelb, gleichmäßig, elastisch
Lochung: viele linsen- bis erbsengroße Löcher
Geschmack: kräftig, einzigartig
Fettgehalt: ca. 45 % i. Tr.
Reifezeit: ca. 20 Wochen
Besonderes: besonders gut zu Bier

Tilsiter

Ursprung:	Stadt Tilsit (Memelland)
Herst.-Land:	Deutschland (Bayern)
Art:	halbharter Schnittkäse (handgekäst)
Form:	Block
Größe:	Länge ca. 30 cm, Breite ca. 12 cm, Höhe 9–10 cm
Gewicht:	ca. 2,5 bis 3,5 kg
Äußeres:	angetrocknete Schmierebildung auf der Außenfläche, gewachst
Inneres:	elfenbeinfarbig bis gelb, kompakt, geschmeidig, schnittfest
Lochung:	viele schlitzförmige und gerstenkorngroße Lochungen
Geschmack:	mild, aromatisch, leicht, herb, pikant
Geruch:	leicht säuerlich, pikant
Fettgehalt:	55% i. Tr. (Rahmstufe)
Reifezeit:	6 Wochen
Lagerzeit:	3–5 Monate

Havarti

Ursprung:	Dänemark
Region:	Seeland (Name vom Gut Havartihof)
Art:	halbfester Schnittkäse
Form:	Stangenform und kleiner Zylinder
Größe:	St.: ∅ 12 × 12 cm Zyl.: ∅ ca. 6 cm, Höhe ca. 6 cm
Gewicht:	St.: ca. 4–5 kg, Zyl.: ca. 500 g
Äußeres:	Rinde rötlichgelb, leichte, feuchte Schmierebildung
Inneres:	weiß bis hellgelb, halbfest bis fest, geschmeidig
Lochung:	zahlreiche, unregelmäßige Löcher
Geschmack:	sahnig, mild, leicht säuerlich
Fettgehalt:	mind. 45% i. Tr./mind. 60% i. Tr.
Reifezeit:	2–3 Wochen/Nachreife: 4–6 Wochen
Besonderes:	Variante mit Kümmel/Kräutern, Dofino = Rahmhavarti

Inntaler

Ursprung: Ostpreußen
Herst.-Land: Österreich (Unterinntal)
Art: halbfester Schnittkäse (ähnlich Tilsiter)
Form: Stange, Laib
Größe: Laib: ∅ ca. 15 cm, Höhe ca. 5 cm
Gewicht: Laib: ca. 1–4 kg
Äußeres: Rotschmiere mit weißer leichter Schimmelbildung
Inneres: hellgelb, schnittfest, geschmeidig
Lochung: regelmäßige Bruchlochung
Geschmack: leicht herb, säuerlich, kräftig
Fettgehalt: 25 %/35 %/45 % i. Tr.
Besonderes: Es gibt in Österreich viele Arten von tilsiterähnlichen Käsen.

Jausenkäse

Ursprung: Österreich
Art: halbharter Schnittkäse
Form: Stange, Zylinder, Laibchen
Größe: Zylinder: ∅ ca. 10–11 cm, Höhe ca. 7–8 cm
Gewicht: Zylinder: ca. 750 g, Stange: ca. 2 kg, Laibchen: ca. 500 g
Äußeres: rindenlos, weißlich bis gelb
Inneres: stroh- bis mattgelb, weichschnittig
Lochung: regelmäßige Bruchlochung
Geschmack: leicht herb, säuerlich, mild
Fettgehalt: ca. 35 %/45 % i. Tr.
Besonderes: Dieser Käse ist in den verschiedensten Namen und Formen in Österreich erhältlich.

Mondseer

Ursprung:	Österreich
Region:	Salzkammergut
Art:	schnittfester Käse
Form:	Laib
Größe:	∅ ca. 15 cm, Höhe ca. 6 cm und größer
Gewicht:	ca. 125 g/250 g/500 g/1 kg/3,5 kg
Äußeres:	Naturrinde mit klebriger, rotbrauner Schmiere
Inneres:	hellgelb mit hellerem Kern, weich und schnittfest
Lochung:	gleichmäßige Schlitzlochung
Geschmack:	mild bis pikant, herzhaft, kernig
Fettgehalt:	ca. 45 % i. Tr.
Reifezeit:	4–5 Wochen
Lagerzeit:	mind. 8 Wochen bei 6–8 °C
Besonderes:	„Der Speckige aus dem Salzkammergut“

Wolfacher

Ursprung:	Deutschland
Region:	Bayern
Art:	naturgereifter Vollfettschnittkäse
Form:	Laib
Größe:	∅ ca. 16 cm, Höhe ca. 10 cm
Gewicht:	1,7 kg
Äußeres:	Rinde glatt, geschlossen, mit gelber Wachsschicht
Inneres:	schnittfest, geschmeidig, strohgelb
Lochung:	verschieden große Bruchgärlochung
Geschmack:	säuerlich, mild, aromatisch, pikant
Geruch:	pikant
Fettgehalt:	48 % i. Tr.

Elbo

Ursprung:	Dänemark
Region:	Jütland
Art:	halbfester Schnittkäse
Form:	Brotform und Quadrat
Größe:	Brotform Länge ca. 32 cm, Quadrat ca. 15 × 15 cm
Gewicht:	Brotform ca. 3–8 kg, Quadrat ca. 3–8 kg
Äußeres:	Rinde mit rotem oder gelbem Käsewachs oder gelblichbräunlich, trocken
Inneres:	weiß bis gelblich, fest
Lochung:	bis erbsengroße Löcher
Geschmack:	leicht säuerlich, mild bis voll
Fettgehalt:	45 % i. Tr.
Reifezeit:	3–6 Wochen bei 8–12 °C
Besonderes:	Variante: Kümmel

Tundra

Ursprung:	Finnland
Art:	Schnittkäse
Form:	flacher Zylinder
Größe:	∅ 25 cm, Höhe 12,5 cm
Gewicht:	ca. 6,5 kg
Äußeres:	hellgelb, trocken, glatt
Inneres:	halbhart, leicht zu schneiden, weizengelb, gleichmäßig
Lochung:	zahllose unregelmäßige kleine Löcher
Geschmack:	sahnig, mild, etwas säuerlich
Fettgehalt:	30 %–50 % i. Tr.
Reifezeit:	ca. 7 Wochen
Besonderes:	in Folie geschweißt

Oltermanni

Ursprung: Finnland
Art: halbharter Schnittkäse
Form: hoher Zylinder
Größe: ∅ 11 cm, Höhe 11 cm
Gewicht: 1 kg
Äußeres: Rinde gelb
Inneres: halbhart, leicht zu schneiden, gleichmäßig, gelblich
Lochung: zahllose unregelmäßig geformte Löcher
Geschmack: mild, etwas säuerlich
Fettgehalt: 50 % i. Tr.
Reifezeit: mind. 4 Wochen

Lappi

Ursprung: Finnland
Art: halbharter Schnittkäse
Form: rechteckiger Block
Größe: Höhe 30 cm, Breite 10 cm, Länge 10–12 cm
Gewicht: 3 kg
Äußeres: Rinde trocken, weißlich bis gelb
Inneres: halbhart, leicht zu schneiden, gelb
Lochung: einige erbsengroße Löcher
Geschmack: aromatisch mild
Fettgehalt: 45 % i. Tr.
Reifezeit: mind. 5 Wochen

Boscaiola

Ursprung:	Italien
Region:	Voralpengebiet
Art:	halbfester Schnittkäse
Form:	Quader
Äußeres:	rötlichbraune Rinde mit bläulichem Schimmel
Inneres:	eierschalenfarbig, weich bis schmelzend
Lochung:	vereinzelte stecknadelkopfgroße Löcher
Geschmack:	würzig
Fettgehalt:	ca. 48 % i. Tr.
Besonderes:	in Spanschachteln im Handel

Taleggio

Ursprung:	Italien
Region:	(Taleggiotal), westlich der Provinz Bergamo, Bressano, Como, Mailand usw.
Art:	weich – halbfester Schnittkäse
Form:	flacher, viereckiger Laib
Größe:	Länge u. Breite ca. 20–25 cm, Höhe ca. 4–7 cm
Gewicht:	1,7–2,2 kg
Äußeres:	Rinde dünn, rauh, rotgelblich, graue Schimmelflecken
Inneres:	weiß bis strohgelb, kompakt, butterartig
Lochung:	spärliche Bruchlöcher
Geschmack:	zart, aromatisch, süß-säuerlich
Fettgehalt:	ca. 48 % i. Tr.
Reifezeit:	30–40 Tage

Mutschli

Ursprung:	Schweiz
Art:	Schnittkäse
Form:	flacher Zylinder
Größe:	∅ 10–25 cm, Höhe 5–10 cm
Gewicht:	500 g–5 kg
Äußeres:	goldgelbe bis braune, feste, trockene Rinde (zum Teil Holzreif)
Inneres:	schnittfester, weißlichgelber bis strohgelber Teig
Lochung:	unregelmäßig, 1–3 mm
Geschmack:	angenehm, pikant, würzig
Geruch:	würzig
Fettgehalt:	mind. 45 % i. Tr.
Reifezeit:	3 Wochen

Appenzeller

Ursprung:	Schweiz
Region:	St. Gallen, Appenzell
Art:	vollfett + Räßkäse = viertelfett
Form:	rund, gewölbte Järbseite (Außenseite)
Größe:	∅ ca. 20–30 cm, Höhe ca. 12–15 cm
Gewicht:	ca. 6–8 kg
Äußeres:	fest, trocken, mit gelblich- bis graubraunem Belag
Inneres:	leicht gelblich bis gräulich
Lochung:	geringe, gleichmäßige, runde, maiskorngroße Lochung, in der sich Feuchtigkeit sammelt
Geschmack:	aromatisch fruchtig, mild rein, mild – weniger gereift, dezent – stärker gereift
Fettgehalt:	mind. 50 % i. Tr. (vollfett), mind. 20 % i. Tr. (viertelfett)
Reifezeit:	4–6 Monate (vollfett), 6–7 Monate (viertelfett)
Besonderes:	besonderer Geschmack durch die Waschung mit Wein, Hefe, Salz und Kräutern während der Reifezeit

Freiburger Vacherin

Vacherin fribourgeois, Vacherin pour la main
Vacherin à la main, Vacherin pour fondue
Vacherin à la fondue

Ursprung:	Schweiz
Region:	Kanton Freiburg
Art:	Weichkäse, halbfester Schnittkäse
Form:	Laib
Größe:	∅ 32–35 cm, Höhe 8–10 cm
Gewicht:	8–12 kg
Äußeres:	dünne Haut mit braungelblicher Schmiere
Inneres:	gelblich bis gräulichweiß, weich verlaufend bis fest
Lochung:	wenige Bruchlöcher
Geschmack:	leicht säuerlich
Fettgehalt:	mind. 48 % i. Tr.
Reifezeit:	2–4 Monate
Besonderes:	Vacherin pour la main = für den Direktverzehr geeignet, Vacherin pour fondue = zur Verwendung für Fondue

Thurgauer

Ursprung:	Schweiz
Art:	halbharter Schnittkäse
Form:	flacher Zylinder
Gewicht:	ca. 4,2 kg
Äußeres:	ockerfarbene, feste Rinde
Inneres:	heller, gelblicher, schnittfester Teig
Lochung:	fast keine Lochung
Geschmack:	mild
Fettgehalt:	45 %–47 % i. Tr. (Rahmkäse bis 55 % i. Tr.)

Toggenburger

Ursprung: Schweiz
Art: halbfester Schnittkäse (ähnlich dem St. Paulin)
Form: flacher Zylinder
Gewicht: ca. 2 kg
Äußeres: goldgelbe, dünne, gewaschene Rinde
Inneres: gleichmäßiger, hellgelber Teig
Lochung: fast keine
Geschmack: aromatisch
Fettgehalt: 48 % i. Tr.

Bel Paese

Ursprung: Italien
Art: halbfester Schnittkäse
Form: Laib
Größe: ∅ ca. 20 cm, Höhe ca. 5–6 cm
Gewicht: ca. 1,8–2,2 kg
Äußeres: zart gelblich, glatt, ohne Risse
Inneres: elastisch, strohgelb
Lochung: wenige Bruchlöcher
Geschmack: zart, leicht säuerlich
Fettgehalt: ca. 50 %–52 % i. Tr.
Reifezeit: ca. 40 Tage

Tomme de Savoie

Ursprung:	Frankreich
Region:	Zentralalpen, Departement Savoie
Art:	halbfester Schnittkäse
Form:	Laib
Größe:	∅ ca. 15–20 cm, Höhe ca. 3–6 cm
Gewicht:	ca. 1–2 kg
Äußeres:	Rinde dünn, trocken, grauer Schimmelrasen, gesprenkelt mit gelben und rotbraunen Flecken
Inneres:	blaßgelb, kompakt
Lochung:	wenige linsengroße Löcher
Geschmack:	mild, jung – molkig-sauer
Geruch:	molkig-sauer und käsig
Fettgehalt:	10%–45% i. Tr.
Reifezeit:	1–3 Monate
Besonderes:	verwandte Käsesorten; aus Savoie: Tomme de Belleville, Tomme de Boudane, Tomme au fenouil, Tomme au marc, Tomme de Revard usw.

Cornish Yarg

Ursprung:	Großbritannien
Region:	England
Art:	halbfester Schnittkäse
Form:	Rad
Größe:	∅ ca. 14 cm, Höhe ca. 7 cm
Gewicht:	ca. 700 g/2,2 kg
Äußeres:	Naturrinde fest, dunkelgräulich
Inneres:	elfenbeinfarbig, kompakt
Lochung:	mehrere Bruchlöcher
Geschmack:	rund, kräftig, frisch
Fettgehalt:	55% i. Tr.
Reifezeit:	ca. 4 Wochen

Farmhouse Cheddar

Ursprung:	Großbritannien
Region:	Süden/Südwesten von England (Bauernhöfe)
Art:	halbfester Vollfettschnittkäse
Form:	Zylinder
Gewicht:	ca. 200 g/2 kg/2,5 kg
Äußeres:	Bauernkäse, unansehnliche graue Außenhaut = Qualitätszeichen
Inneres:	cremig, fest geschlossen
Lochung:	keine
Geschmack:	nuß- und butterähnliches Aroma, je älter, desto intensiver
Fettgehalt:	ca. 50 % i. Tr.
Reifezeit:	8 Monate
Lagerzeit:	2–3 Monate
Besonderes:	die umhüllende Baumwollschicht mit dem Schimmel abziehen, so ist der Käse rindenlos und sauber

Durrus

Ursprung:	Großbritannien
Herst.-Land:	Irland
Art:	halbharter Schnittkäse
Form:	Rad
Gewicht:	ca. 1,5 kg
Äußeres:	naturgereifte Rinde mit leichtem weißlichem und blaugrauem Schimmelbelag
Inneres:	strohgelb, fest
Lochung:	vereinzelte Löcher
Geschmack:	nussig
Fettgehalt:	ca. 50 % i. Tr.
Reifezeit:	ca. 6 Wochen

Raclettekäse

Der Raclettekäse ist ein Schweizer Bergkäse aus dem Kanton Wallis, wo er in verschiedenen Orten hergestellt wird, deren Namen jeweils in der Rinde eingeprägt ist. Der original Walliser Raclettekäse hat einen Fettgehalt von 50 bis 57,5 Prozent i. Tr. und ist im Gegensatz zu allen anderen aus Rohmilch.

Raclettekäse schmilzt bei Erhitzung leicht, ohne gleich zu fließen, und wird zum Walliser Nationalgericht, dem Raclette, verwendet. Vor einem möglichst offenen Feuer wird der schmelzende Käse mit einem eigens hierfür geformten Messer abgeschabt und mit Pellkartoffeln, Gurken u. ä. gegessen.

Heute wird Raclettekäse in vielen Ländern, in der Schweiz, Frankreich, Österreich usw., hergestellt.

Für die Zubereitung des Raclettegerichts werden vielerlei elektrische Racletteöfen angeboten, das Schmelzen über offenem Feuer ist aber am schmackhaftesten.

Walliser Raclettekäse

Ursprung:	Schweiz
Region:	Wallis
Art:	halbharter Schnittbergkäse
Form:	Laib/Block
Größe:	∅ ca. 20–50 cm, Höhe ca. 5–10 cm
Gewicht:	2–20 kg (4,8–7,5 kg)
Äußeres:	Rinde trocken oder leicht schmierig, hellbraun, Järbseite „Raclette" (Prägung) mit Herkunft
Inneres:	maisgelb, schnittfest
Lochung:	einige kleine Rundlöcher
Geschmack:	jung mild, gereift aromatischer
Fettgehalt:	45%/55% i. Tr.
Reifezeit:	ca. 90 Tage
Besonderes:	Die am Feuer erhitzte Schnittfläche (geschmolzen) kann abgeschabt werden, Walliser Nationalgericht.

Marenda

Ursprung: Schweiz
Art: Raclettekäse, halbharter Schnittkäse
Form: Laib
Größe: ∅ 30 cm
Gewicht: ca. 5,4 kg
Äußeres: gelb- bis rosafarbene, dünne, trockene Rinde
Inneres: hellgelber, fester Teig
Lochung: geringe kleine Lochung
Geschmack: mild, aromatisch, leicht säuerlich
Fettgehalt: mind. 45 %–48 % i. Tr.
Reifezeit: mind. 2 Monate
Besonderes: zum Racletteessen geeignet

Traunseer Raclette

Ursprung: Schweiz
Herst.-Land: Österreich
Art: Raclettekäse
Form: Laib
Größe: ∅ ca. 30 cm, Höhe ca. 7 cm
Gewicht: ca. 4,5 kg
Äußeres: Naturrinde, weißgelb bis leicht rötlich
Inneres: hellgelb, geschmeidig, zart, schmelzend
Lochung: vereinzelte, nußgroße Löcher
Geschmack: aromatisch mild, pikant
Fettgehalt: ca. 50 % i. Tr.
Besonderes: zum Racletteessen geeignet

Fontina

Ursprung:	Italien
Region:	Aostatal
Art:	halbharter Schnittkäse
Form:	Laib
Größe:	∅ 35–45 cm, Höhe 8–10 cm
Gewicht:	10–18 kg
Äußeres:	Rinde hellbraun, glatt, elastisch, dünn, am Rand nach innen gewölbt
Inneres:	weißlich bis strohgelb, weich, elastisch
Lochung:	linsenförmige Löcher
Geschmack:	würzig, süßlich, nicht scharf, bei Lagerung schärfer
Fettgehalt:	mind. 45 % i. Tr.
Reifezeit:	bis ca. 3 Monate
Besonderes:	Tafelkäse, besonders für Küche und Fondues geeignet, muß Stempel mit Herkunft aus Fontina bzw. Aostatal auf der Rinde haben

Fontal

Ursprung:	Italien
Region:	Aostatal
Art:	halbfester Schnittkäse
Form:	Laib, nach innen gewölbter Rand
Größe:	∅ ca. 40–45 cm, Höhe ca. 8–10 cm
Gewicht:	11–13 kg
Äußeres:	Rinde glatt, elastisch, dünn, bräunlich
Inneres:	weißlich bis strohgelb, kompakt, elastisch
Lochung:	linsenförmige Löcher
Geschmack:	wenig ausgeprägt, süßlich, mild
Fettgehalt:	ca. 45 % i. Tr.
Reifezeit:	bis ca. 50 Tage
Besonderes:	ist in Frankreich und Dänemark sehr bekannt

Pyrenäenkäse

Ursprung: Frankreich
Region: Laruns, Esbareich, Oloron
Art: halbfester Schnitt-Kuhmilchkäse
Form: Zylinder
Größe: ∅ ca. 25 cm, Höhe ca. 10–12 cm
Gewicht: 3–7 kg
Äußeres: mit schwarzem Überzug (Wachs)
Inneres: fest, geschmeidig, blaßgelb
Lochung: linsengroße Lochung
Geschmack: mild
Fettgehalt: mind. 45 % i. Tr.
Reifezeit: 3–4 Monate
Besonderes: Pyrenäenkäse aus Schafmilch, siehe L'Ossau-Iraty-Pyrénées (Seite 169)

(Trappista) Trappistenkäse

Ursprung: Frankreich
Herst.-Land: Ungarn
Art: Schnittkäse
Form: Laib
Größe: ∅ ca. 15 cm, Höhe ca. 6 cm
Gewicht: 1,2–1,5 kg
Äußeres: hellgelbe, glatte Rinde
Inneres: hellgelb, geschmeidig
Lochung: viele erbsengroße Löcher
Geschmack: mild, säuerlich, aromatisch
Fettgehalt: 32 %–45 % i. Tr.
Reifezeit: 4–6 Wochen

Urner

Ursprung:	Schweiz
Region:	Kanton Uri
Art:	halbharter Schnittkäse
Form:	Laib
Größe:	∅ 20–30 cm
Gewicht:	ca. 5,5 kg
Äußeres:	goldgelb, gleichmäßig gewachsene Rinde
Inneres:	strohgelber, glatter Teig
Lochung:	wenig Bruchlöcher
Geschmack:	mild aromatisch
Fettgehalt:	25 % i. Tr.

Formaggio di monti

Ursprung:	Italien
Region:	Alpenkäsereien von den Berghängen von Monte Baldo, Tremalzo am Gardasee
Art:	Hartkäse, Halbhartkäse von entrahmter Milch
Form:	Laib
Größe:	∅ ca. 30 cm, Höhe ca. 8 cm
Gewicht:	ca. 8–11 kg
Äußeres:	hell- und dunkelgelb oder auch bei älterem Laib bräunlich
Inneres:	gelblich, je nach Alter elastisch oder fest, fast etwas mehlig, leicht auf der Zunge schmelzend
Lochung:	sehr kleine Lochung
Geschmack:	mild, angenehm vollaromatisch
Fettgehalt:	halbfett
Reifezeit:	3–9 Monate
Lagerzeit:	mehrere Jahre

Morlacco

Ursprung: Italien
Art: halbharter Schnittkäse
Form: Laib
Größe: ∅ 30–35 cm, Höhe 6–8 cm
Gewicht: 7–9 kg
Äußeres: Rinde rötlich, glatt
Inneres: weiß bis strohgelb, kompakt
Lochung: spärlich
Geschmack: zart, leicht bitter
Fettgehalt: 30 %–35 % i. Tr.
Reifezeit: 2–3 Monate

Italico

Ursprung: Italien
Region: Norditalien
Art: halbfester Schnittkäse
Form: Laib
Größe: ∅ ca. 20 cm, Höhe ca. 5–6 cm
Gewicht: ca. 1,8–2,2 kg
Äußeres: Rinde strohfarbig, glatt, dünn, ohne Risse
Inneres: weißlich, weich, elastisch, kompakt
Lochung: vereinzelte Löcher
Geschmack: zart, leicht säuerlich, butterähnlich, mild, schmelzend
Fettgehalt: ca. 48 %–50 % i. Tr.
Reifezeit: 30–40 Tage

Edammer kaas

Ursprung:	Niederlande, Name von der Stadt Edam, Provinz Nordholland
Form:	Kugelform mit abgeplatteter Ober-/Unterseite
Gewicht:	1,7–2,5 kg, auch in Blockform ohne Rinde mehr als 10 kg, Brood-Edammer in Brotform 2–3 kg bzw. 3,5–5 kg, Baby-Brood-Edammer 0,4–1,1 kg, Baby-Edammer in Kugelform 0,8–1,1 kg
Äußeres:	Rinde fest, trocken, strohgelb bis dunkelstrohgelb, meist rot, manchmal auch gelb paraffiniert, auch Überzug aus Kunststoff oder Leinöl
Inneres:	strohgelb, ziemlich fest bis fest, gute Schnittfläche
Lochung:	kleine Anzahl von bis zu erbsgroßen, meist runden Löchern
Geschmack:	voller Butterkäsegeschmack, leicht säuerlich
Fettgehalt:	mind. 40 % i. Tr.

Geheimratskäse

Ursprung:	Niederlande
Herst.-Land:	Österreich, Deutschland u. a.
Art:	Schnittkäse, Edamer
Form:	Laib
Größe:	∅ ca. 10 cm
Gewicht:	bis ca. 500 g
Äußeres:	Rinde glatt, paraffiniert, rot
Inneres:	hell- bis goldgelb, glänzend, geschmeidig, schnittfest
Lochung:	wenige runde und ovale, bis linsengroße Löcher
Geschmack:	mildrahmig
Geruch:	leicht buttersäuerlich
Fettgehalt:	in drei Fettstufen, meistens 45 % i. Tr.

(Deutscher) Edamer

Ursprung: Niederlande
Herst.-Land: Deutschland
Art: Schnittkäse
Form: brotförmig, kugelförmig
Größe: verschiedene Größen
Gewicht: 2–5 kg
Äußeres: rindenlos; paraffiniert in verschiedenen Farben oder Rinde trocken, glatt, weißlichgrauer Schimmelbelag
Inneres: hell- bis goldgelb, mattglänzend, kompakt
Lochung: kleine Rund- und Oval-Lochung
Geschmack: mild, rein, leicht säuerlich
Fettgehalt: 30%/40%/45%/50% i. Tr.

Geheimratskäse Don Padre

Ursprung: Niederlande
Herst.-Land: Österreich
Art: halbharter Schnittkäse (Holländer Art)
Form: Laibchen
Größe: ∅ 9 cm, Höhe 6 cm
Gewicht: 250 g–300 g
Äußeres: Rinde paraffiniert, verschiedene Farben
Inneres: gelb oder gelbgrünlich mit Pfeffer, weich, geschmeidig, schnittfest
Lochung: einzelne Rundlöcher, teilweise mit Pfefferkörnern
Fettgehalt: 45%/55% i. Tr.
Besonderes: Verschiedene Farben der Paraffinbeschichtung zeigen verschiedene Geschmacksrichtungen an.

Subenhara

Ursprung: Niederlande
Art: halbharter Schnittkäse
Form: flacher Zylinder, Randwölbung
Größe: ∅ ca. 30 cm, Höhe ca. 9 cm
Gewicht: 2,4–5 kg, je nach Marke
Äußeres: Rinde hellorangefarbig, glatt, glänzend, Brennesselblätter sichtbar, Kunststoff- oder Paraffinüberzug
Inneres: zart gelb, geschmeidig, mit Brennesseln
Lochung: keine
Geschmack: mild, fein, nach Brennesseln
Fettgehalt: ca. 48 %–50 % i. Tr.
Reifezeit: ca. 4–8 Wochen

Wedmore with Chives

Ursprung: Großbritannien
Art: halbfester Schnittkäse
Form: flacher Zylinder
Größe: ∅ ca. 18 cm, Höhe ca. 8 cm
Gewicht: ca. 2 kg
Äußeres: rindenlos, zartgelb
Inneres: zartgelb, schnittfest, in der Mitte eine Lage Schnittlauch
Lochung: einzelne kleine Löcher
Fettgehalt: 50 % i. Tr.

(verfeinerter Derby) Sage Derby

Ursprung:	Großbritannien
Region:	Mittelengland
Art:	halbharter Schnittkäse
Form:	Laib
Größe:	∅ ca. 36 cm, Höhe ca. 10–14 cm
Gewicht:	13–14 kg
Äußeres:	mit grünem Wachs oder Folie überzogen
Inneres:	gleichmäßig fester Teig, mit Salbei vermischt, grüne Adern
Lochung:	keine
Geschmack:	reif und mild, würzig, stark nach Salbei
Geruch:	reif und mild, würzig, stark nach Salbei
Fettgehalt:	ca. 48 % i. Tr.
Reifezeit:	ca. 3–4 Monate
Besonderes:	Derby ohne Salbei ist der gleiche Käse, aber ohne Gewürze (Salbei)

Teifi

Ursprung:	Großbritannien
Region:	Wales
Art:	halbharter Schnittkäse
Form:	Laib
Gewicht:	450 g/1 kg/4 kg
Äußeres:	Rinde gewachst, naturfarbig, geschmeidig, hellgelb
Inneres:	Zusatz mit Kümmel, Kräutern, Knoblauch, Zwiebel, Pfeffer und Senfkörnern
Lochung:	wenige kleine Löcher
Geschmack:	typisch nach den Zutaten
Fettgehalt:	ca. 48 % i. Tr.

Samsø

Ursprung:	Dänemark
Region:	Insel Samsø
Art:	halbfester Schnittkäse
Form:	runder Laib, Quadrat = rindenlos
Größe:	Laib: ∅ 42–45 cm, Höhe 9–10 cm Quadrat: Minigrößen
Gewicht:	Laib: ca. 14 kg Quadrat: unter 1 kg
Äußeres:	Rinde dünn oder rindenlos, mit gelbem Wachs überzogen, strohgelb bis bräunlich
Inneres:	Teig strohgelb, kompakt, fest
Lochung:	einige runde, unregelmäßige Löcher
Geschmack:	vollmundig, nußartig
Fettgehalt:	mind. 30 % i. Tr. – ca. 45 % i. Tr.
Reifezeit:	3–4 Wochen
Lagerzeit:	3–8 Wochen

Danbo

Ursprung:	Dänemark
Art:	halbfester Schnittkäse
Form:	quadratischer Block
Größe:	Länge u. Breite ca. 25 cm und größer
Gewicht:	6 u. 14 kg
Äußeres:	Rinde mit oder ohne leichter, trockener bis feuchter Schmiere (mit gelbem bzw. rotem Käsewachs)
Inneres:	weiß bis gelblich, halbfest bis fest
Lochung:	wenige runde, erbsengroße Löcher
Geschmack:	mild bis würzig, von der Schmierebehandlung leicht beeinflußt (Variante mit Kümmel)
Fettgehalt:	ca. 30 % u. 45 % i. Tr.
Reifezeit:	Nachreife: ca. 3–6 Wochen

Da Capo

Ursprung:	Italien
Herst.-Land:	Dänemark
Art:	halbfetter Schnittkäse
Form:	flacher, rechteckiger Laib
Größe:	Länge u. Breite ca. 32 cm, Höhe ca. 8 cm
Gewicht:	ca. 8,2 kg
Äußeres:	Rinde weich, ockerfarbig, sehr dünn
Inneres:	hellgelb, kompakt, elastisch, schnittfest
Lochung:	vereinzelte erbsen- und kirschkerngroße Löcher
Geschmack:	vollaromatisch
Fettgehalt:	ca. 20% u. 45% i. Tr.
Reifezeit:	ca. 10 Wochen

Höhlenkäse

Ursprung:	Dänemark
Art:	halbfester Schnittkäse
Form:	Brotlaib, Blockform
Gewicht:	ca. 9 kg
Äußeres:	mit Wachs paraffiniert
Inneres:	gelblich, schnittfest
Lochung:	vereinzelte kirschkerngroße Löcher
Geschmack:	je älter, desto würziger; herzhaft und einzigartig würzig
Fettgehalt:	50% i. Tr.
Reifezeit:	mind. 4 Wochen in der Kalksteinhöhle, ab 10 Wochen zum Verzehr geeignet
Besonderes:	Der Käse reift 35 Meter unter der Erde, er eignet sich besonders zu Obst (Pfirsich) und zum Sherry.

Coverdale Cheese

Ursprung: Großbritannien
Region: Nordengland, Grafschaft Yorkshire
Art: halbfester Schnittkäse (weißer Käse)
Form: hoher Zylinder
Größe: ∅ ca. 13 cm, Höhe ca. 15 cm
Gewicht: ca. 2–3 kg
Äußeres: hellgelbe Wachsrinde
Inneres: weißlich, fest, aber nicht hart
Lochung: vereinzelte Löcher
Geschmack: süßlich
Fettgehalt: ca. 48 % i. Tr.
Reifezeit: ca. 3–4 Wochen

Tetilla

Ursprung: Spanien
Region: Galicien
Art: halbfester Schnittkäse
Form: Spitzhut
Größe: ∅ 20–25 cm, Höhe 10–15 cm
Gewicht: 1–1,5 kg
Äußeres: fast rindenlos
Inneres: milchigweiß, weich
Lochung: verschiedenste Formen und Größen
Geschmack: leicht säuerlich, leicht salzig
Fettgehalt: ca. 40 % i. Tr.
Besonderes: ca. 2 Monate haltbar

(Queso de Mahón) Mahón

Ursprung: Spanien
Region: Balearen, besonders auf Menorca
Form: rechteckig mit abgerundeten Ecken und Kanten
Größe: Länge 20–25 cm, Breite 10–15 cm, Höhe 6–9 cm
Gewicht: 2–4 kg
Äußeres: weiß bis gelblichbraune, kompakte, geschlossene, trockene, doch ölige Rinde mit unregelmäßig angeordneten dunklen Flecken
Inneres: weißlich bis dunkelgelber, mürber, fester bis harter Teig
Lochung: in der Mitte einige unregelmäßige, reiskorn- und erbsgroße Löcher mit matter Oberfläche
Geschmack: charakteristisch
Fettgehalt: ca. 45 % i. Tr.
Reifezeit: 20 Tage
Besonderes: wird vielfach auch zu Schmelzkäse verarbeitet, auch in hölzernen Kistchen im Handel

Aragón, auch Tronchón

Ursprung: Spanien
Region: Maestrazgo, Castellón de la Plana und Teruel
Art: Schaf- u. Ziegenkäse
Form: Kegelstumpf mit Mulde im oberen Bereich
Größe: ∅ 12–18 cm, Höhe 7–8 cm
Gewicht: 0,6–1,5 kg
Äußeres: halbfest, glatt, teils borstige Rinde, weißlich bis gelblich
Inneres: ziemlich fest, leicht gelblich
Lochung: unregelmäßige, teils runde, teils schlitzförmige Lochung
Geschmack: charakteristisch mild, etwas salzig
Fettgehalt: ca. 45 %–54 % i. Tr.
Reifezeit: Frischkäse bis 20 Tage, ausgereifter Käse 3 Monate
Lagerzeit: Frischkäse 20 Tage, ausgereift über 3 Monate
Besonderes: Schafmilch oder Schaf- und Ziegenmilch

Double Gloucester

Ursprung:	Großbritannien
Region:	urspr. in Gloucestershire, heute in Südwestengland
Art:	Hartkäse
Form:	Laib
Größe:	∅ ca. 25–36 cm, Höhe ca. 8–15 cm
Gewicht:	ca. 28 kg
Äußeres:	glatt, manchmal mit leichtem Schimmelwuchs, gewachst oder in Folie
Inneres:	weißlichgelb – ungefärbt, orangebraun – gefärbt, fest und seidig
Lochung:	geschlossen
Geschmack:	rein, kräftig, nußartig
Fettgehalt:	mind. 48%–50% i. Tr.

Red Leicester

Ursprung:	Großbritannien
Region:	nördliches Mittelengland
Art:	Hartkäse
Form:	runder Laib
Größe:	∅ ca. 32 cm, Höhe ca. 14 cm
Gewicht:	ca. 13 kg
Äußeres:	Rinde glatt, dünn, orangefarbig
Inneres:	gleichmäßig kräftig, fest, rotgelb gefärbt
Lochung:	geringe Lochung
Geschmack:	aromatisch, rein, lieblich
Fettgehalt:	ca. 50% i. Tr.
Reifezeit:	schnell reifender ca. 2 Monate, normal reifender ca. 6–8 Monate, lang haltbarer ca. 12 Monate

Double Gloucester mit blauem Stilton

Ursprung:	Großbritannien
Region:	Südwesten, Gloucestershire, Berkley
Art:	halbfester Schnittkäse
Form:	Laib
Größe:	∅ ca. 25 cm, Höhe ca. 10 cm
Gewicht:	ca. 5 kg
Äußeres:	rindenlos, gewachst
Inneres:	gefärbt oder ungefärbt, mit blauen oder weißen Stilton-Lagen, seidig, weich
Lochung:	fast keine
Geschmack:	mild, nußartig
Fettgehalt:	ca. 50 % i. Tr.
Lagerzeit:	haltbar ca. 2 Monate

Coloured Cheshire

Ursprung:	Großbritannien
Region:	Gegend der Cheshire-Ebene
Art:	Hartkäse
Form:	Zylinder
Größe:	∅ ca. 30 cm, Höhe ca. 20 cm
Gewicht:	ca. 9 kg/23 kg
Äußeres:	rindenlos
Inneres:	ungefärbt oder gefärbt (orangenfarbig), flockig, mit kleinen Rissen
Lochung:	keine
Geschmack:	mild, rein
Fettgehalt:	ca. 50 % i. Tr.

Skirrid

Ursprung:	Großbritannien
Region:	England und Wales
Art:	halbharter Schafschnittkäse
Form:	Zylinder
Größe:	∅ ca. 15 cm, Höhe ca. 14 cm
Gewicht:	ca. 2 kg
Äußeres:	Naturrinde, hellbeige, fest
Inneres:	strohgelb, kompakt
Lochung:	wenige kleine Löcher
Geschmack:	typisch Schafmilcharoma
Fettgehalt:	52 % i. Tr.
Reifezeit:	ca. 4 Monate
Besonderes:	mariniert in Mead (Met)

Cacio (sarda)

Ursprung:	Italien
Region:	Mittel- und Süditalien sowie Sardinien
Art:	halbfester Schnittkäse
Form:	Laib oder Quadrat
Größe:	∅ 20 cm, Höhe 5 cm
Gewicht:	1,5–3 kg
Äußeres:	elfenbeinfarbig, dünn gerillt
Inneres:	elfenbeinfarbig, kompakt
Lochung:	unterschiedliche kirschkern- und stecknadelkopfgroße Löcher
Geschmack:	typisch (Artischocken und Pflanzenextrakt)
Fettgehalt:	mind. 40 % i. Tr.
Reifezeit:	12–20 Tage
Besonderes:	weitere Namen: Cacio fiere aquilano = Weichkäse Cacio di grana Cacio lombardo Cacio lodigiano Cacio parmigiano Cacio reggiano

Acorn

Ursprung: Großbritannien
Region: England und Wales
Art: halbharter bis harter Schafkäse
Form: hoher Zylinder
Größe: ∅ ca. 14 cm, Höhe ca. 14 cm
Gewicht: ca. 2 kg
Äußeres: Naturrinde, hellbeige, fest
Inneres: strohgelb, gleichmäßig, kompakt
Lochung: leichte kleine Löcher
Geschmack: typisch nach Schafaroma
Fettgehalt: ca. 52 % i. Tr.
Reifezeit: ca. 3 Monate

Hardanger Ziegenkäse

Ursprung: Norwegen
Region: Oslo
Art: halbharter Schnittkäse
Form: Laib
Größe: ∅ ca. 18 cm, Höhe ca. 6 cm
Gewicht: ca. 2 kg
Äußeres: schwarzer Wachsüberzug
Inneres: weiß bis cremefarbig, kompakt
Lochung: vereinzelt kleine Löcher
Geschmack: leichter Ziegengeschmack, frisch, herb
Fettgehalt: 45 %–50 % i. Tr.

Caerphilly

Ursprung:	Großbritannien
Region:	Wales
Art:	halbfester Schnittkäse (Art Cheddar)
Form:	flacher Laib
Größe:	∅ ca. 25 cm, Höhe ca. 7,5 cm
Gewicht:	ca. 3,6 kg
Äußeres:	Rinde hellgelb, dünn, mit weißlichem Schimmelüberzug, gewachst oder mit Reismehl eingerieben
Inneres:	weißlich, fest, geschichtet
Lochung:	unregelmäßige Lochung
Geschmack:	rein, mild, im Alter schärfer, säuerlich
Fettgehalt:	mind. 48 % i. Tr.
Reifezeit:	schnell

Cheddar

Ursprung:	Großbritannien
Region:	Grafschaft Somersetshire
Art:	halbharter Hartkäse
Form:	Zylinder
Größe:	groß – ∅ 35–38 cm, Höhe 33–38 cm, klein – ∅ 13–15 cm, Höhe 20–25 cm
Gewicht:	18–27 kg, 4–6,5 kg
Äußeres:	rindenlos, mit rotem Paraffin überzogen
Inneres:	ungefärbt weißlichgelb, gefärbt orangerötlich, geschlossen, seidig
Lochung:	fast keine
Geschmack:	kräftig, rein, leicht nussig
Fettgehalt:	mind. 48 % i. Tr.
Reifezeit:	3–16 Monate

Lancashire

Ursprung:	Großbritannien
Region:	Nordwestküste, Grafschaft Lancashire
Art:	Hartkäse
Form:	flacher Laib, Zylinder, Block
Größe:	∅ ca. 14 cm/20 cm/36 cm, Höhe 8 cm/15–18 cm/25,5–31 cm
Gewicht:	1,7 kg/4,5–5,5 kg/22,5 kg
Äußeres:	Rinde geölt
Inneres:	weiß, Teig weicher als die üblichen Hartkäse, krümelig, im Alter von 2–3 Monaten mild, rein, ab 6 Monate streng, vollaromatisch
Lochung:	vereinzelte Löcher
Geschmack:	mild-säuerliches Aroma
Fettgehalt:	ca. 48%–50% i. Tr.
Reifezeit:	kurze Reifung 3–4 Monate, lange Reifung 6–12 Monate
Besonderes:	Sage Lancashire = Variante mit zerkleinerten Salbeiblättern

Smoked Cheddar

Ursprung:	Großbritannien
Region:	Schottland
Art:	geräucherter Hartkäse (handgemacht)
Form:	hoher Zylinder
Größe:	∅ ca. 12 cm, Höhe ca. 6 cm
Gewicht:	ca. 0,8–1,5 kg
Äußeres:	Rinde weißgrau oder orangefarbig
Inneres:	fest, geschlossen, gleichmäßig, strohgelb
Lochung:	keine
Geschmack:	mild bis kräftig rauchig, je älter, desto würziger und nußartiger
Fettgehalt:	ca. 48%–57% i. Tr.
Reifezeit:	ca. 6–12 Monate
Lagerzeit:	haltbar 2–3 Monate bei 5–10 °C, zum Reiben und Einfrieren geeignet

Hartkäse

Hartkäse benötigen zu ihrer Reifung je nach Sorte zwischen drei Monaten und drei Jahren. In dieser Zeit ist es richtiger, sie als feste Käse zu bezeichnen. Hartkäse sind sie erst dann, wenn sie zum Hobeln oder Reiben verwendet werden können.

Wie unterschiedlich Sorten mit der Bezeichnung Hartkäse sein können, zeigen die drei Beispiele auf diesen Seiten.

Der Glarner Alpkäse ist ein typischer Schweizer Bergkäse. Zu Anfang ist er von teigiger Konsistenz. Die Abbildung zeigt den Käse in seinem Reifestadium; jetzt kann er geschnitten oder gehobelt werden und ist sogar fast zum Reiben geeignet.

Der Gudbrandsdalsost ist anfangs noch knetbar, und erst später wird er so hart, daß er geschnitten oder gehobelt werden kann. Ein ganz eigenartiger Käse ist der Schabziger, der fast nur im geschabten oder geriebenen Zustand verwendet wird. Dazu muß er entsprechend lange Zeit gelagert werden, bis seine anfangs weich-krümelige, später schneidbare Beschaffenheit geradezu beinhart wird.

Glarner Alpkäse

Ursprung:	Schweiz
Region:	Innerschweiz
Art:	Hart-Hobelkäse
Form:	flacher Zylinder
Größe:	∅ ca. 30 cm, Höhe ca. 6–7 cm
Äußeres:	braune, leicht schmierige Rinde
Inneres:	strohgelb, gleichmäßiger Teig
Lochung:	keine
Geschmack:	mild, aromatisch, oft leicht säuerlich
Geruch:	kräftig aromatisch
Fettgehalt:	mind. 45% i. Tr.

Gudbrandsdalsost

Ursprung:	Norwegen
Art:	Molkenkäse, Hartkäse/Brunost (Bauernkäse)
Form:	Quader
Größe:	Länge ca. 13 cm, Breite ca. 9–10 cm, Höhe ca. 6–7 cm
Äußeres:	rindenlos, in Folie
Inneres:	karamel- bis nugatfarbig, glatt
Lochung:	keine
Geschmack:	sahnig, süßlich, nach Karamel
Fettgehalt:	ca. 35 % i. Tr.

(Schabzieger), Ziegerstöckli Schabziger

Ursprung:	Schweiz
Region:	Glarner Alpen, Oberurnen, Bilten, Sargans, Netstal, Näfels, Mollis
Art:	Schnitt- und Reibekäse, Ziegerkäse aus Magermilch und Molke
Form:	Ziegerstöckli – konisch, oben abgerundeter Zylinder
Größe:	∅ ca. 3,5 cm, Boden 6,5 cm, Höhe 5,5 cm
Gewicht:	45 g–100 g, 500 g
Äußeres:	ohne Rinde, trocken, glatt, grünlich (durch den Kräuterzusatz)
Inneres:	leicht mehlig und fest
Lochung:	keine
Geschmack:	typisch nach Kräutern, eigenwillig
Geruch:	sehr würzig
Fettgehalt:	0,24 %–3 % i. Tr.
Reifezeit:	4–5 Wochen
Besonderes:	auch Schabzieger geschrieben, Ziegerstöckli, Pulver (Streudose), Anke-Zieger ist eine Mischung aus etwa 30 % Butter

Hart-Brühkäse

Caciocavallo

Ursprung: Italien
Region: südl. Italien (sogen. Magna Graecia)
Art: gebrühter Käse (Provolone-Filata-Art)
Form: birnen- und spindelförmig mit Einschnürung, paarweise aufgehängt
Größe: Länge ca. 25–30 cm
Gewicht: 1,5–3 kg
Äußeres: glatt, goldgelb, in Wachs getaucht
Inneres: weiß bis strohgelb, gleichmäßig fest
Lochung: fast keine
Geschmack: pikant
Fettgehalt: ca. 44%–48% i. Tr.
Reifezeit: 2–6 Monate (Tafelkäse), 6–12 Monate (Reibekäse)

Kaškawal

Ursprung: Bulgarien
Herst.-Land: Bulgarien und Jugoslawien
Art: Hartkäse, Typ Brühkäse
Form: Laib
Größe: ∅ 30 cm, Höhe 10 cm
Gewicht: 7–8 kg
Äußeres: hellstrohfarbig mit leicht weißlichem Belag, glatt, trocken
Inneres: hell strohfarben, gleichmäßiger und mäßig fester Teig
Lochung: vereinzelte Bruchlöcher
Geschmack: pikant, leicht salzig
Fettgehalt: 50% i. Tr.
Reifezeit: 50–60 Tage
Lagerzeit: mind. 10 Monate

Provolone

Ursprung:	Italien
Region:	Süditalien
Art:	Hart- und Reibkäse – Typ Filata
Form:	runde, ovale und birnenförmige Form, mit Schnur eingebunden und geformt
Äußeres:	Rinde dünn, glatt, goldgelb (Paraffinschicht
Inneres:	weiß bis hellgelb, fest, leicht elastisch
Lochung:	fast keine
Geschmack:	tipo dolce – mild, gereift – scharf bis stark aromatisch, tipo piccante – wenn Ziegenlab verwendet wird
Fettgehalt:	ca. 45% i. Tr.
Reifezeit:	2–6 Monate
Lagerzeit:	Die reifen und paraffinierten Käse dürfen nicht über 10–12 °C gelagert werden.
Besonderes:	weitere Namen: zylindrisch – Pancette, kleiner – Topolino, Pancettoni, Salami, Giganti, kugelförmig – Mandarini, Melloni, Provole, quaderförmig – Ragusani

Mozzana

Ursprung:	Italien
Herst.-Land:	Deutschland (Ostfriesland)
Art:	Schnittkäse (geraspelt) nach italienischer Art
Form:	geschnitten und gerieben, in Folie verschweißt
Gewicht:	150 g und Großgebinde
Äußeres:	weißlich
Inneres:	weißlichgelb
Lochung:	keine
Geschmack:	mild, frisch
Fettgehalt:	ca. 22% i. Tr. (absolut)
Lagerzeit:	bei 4–7 °C lagern
Besonderes:	speziell für Pizzaherstellung

Emmentaler (Schweizer)

Ursprung:	Schweiz
Region:	Mittelschweiz, Emmental
Art:	Hartkäse
Form:	mühlsteinförmiger Laib
Größe:	∅ ca. 70–100 cm, Höhe ca. 25–30 cm
Gewicht:	65–110 kg
Äußeres:	gewölbte Järbseite, gelbweißlich/ bräunlich bei in Höhlen gereiften Käsen
Inneres:	elfenbeinfarbig bis gelblich, fest, elastisch
Lochung:	1–3 cm große, runde Löcher, glatt, manchmal mit feuchter Innenseite
Geschmack:	charakteristisch, etwas süßlich, leicht nußartig
Geruch:	süßlich, nußartig
Fettgehalt:	mind. 45 % i. Tr.
Reifezeit:	3–6 Monate, teils bis zu 12 Monate
Besonderes:	für den Export geeignet, trägt er den sternförmigen Stempel „Switzerland“

Emmentaler, früher auch Emmenthaler geschrieben, wird auch heute noch oft „Schweizer Käse“ genannt. Er stammt aus dem Emmental im Kanton Bern in der Schweiz.

Der Emmentaler zählt zu den meistproduzierten Käsen überhaupt. Die größten Produzenten Europas neben der Schweiz sind Deutschland (Allgäu), Finnland, Frankreich und Österreich. Abwandlungen dieses Käses sind in reicher Zahl auf dem Markt.

Während die ursprünglich betriebenen Alpkäsereien am Tag nur einen Laib herstellen, gibt es heute Betriebe, die in der gleichen Zeit etwa 150 dieser riesigen Laibe anfertigen. Dabei muß man wissen, daß für einen jeden dieser mühlsteingroßen Käse 1000 l Milch benötigt werden.

Während in den Alpenländern fast nur silagefreie Milch für die Herstellung des Emmentalers verwendet wird, wird der finnische Emmentaler teils auch aus Silagemilch hergestellt.

Im Gegensatz zu anderen Emmentaler Käsen trägt der original Schweizer Emmentaler, wenn er für den Export geprüft wurde, den Stempel „Emmentaler Switzerland“. Er ist in Höhlen gereift und hat eine graubraune Rinde.

Neben dem mühlsteingroßen Laib werden auch in vielen Käsereien Emmentaler in Blockform und in Folie gereift hergestellt.

Allgäuer Emmentaler Herzstück

Ursprung:	Schweiz
Herst.-Land:	Deutschland (Bayern)
Art:	Hart- und Reibekäse
Form:	Laib
Größe:	∅ ca. 24 cm, Höhe ca. 8–9 cm
Gewicht:	ca. 4 kg
Äußeres:	aus dem großen Emmentaler herausgeschnitten, in Naturrinde gereift, gelb
Inneres:	kräftig gelb, fest, leicht schneidbar
Lochung:	unregelmäßige, bis kirschgroße Löcher
Geschmack:	mild, nußartig
Geruch:	nußartig, aromatisch
Fettgehalt:	45 % i. Tr.
Lagerzeit:	8–10 Wochen bei 4–8 °C

Allgäuer Emmentaler

Ursprung:	Schweiz
Herst.-Land:	Deutschland (Allgäu)
Art:	Hart- und Reibekäse
Form:	traditioneller Rundlaib, Blockform
Größe:	∅ ca. 70–85 cm, Höhe ca. 15–20 cm
Gewicht:	70–80 kg (40–130 kg)
Äußeres:	Rinde gewachsen, goldgelb mit rotem Schriftzug Allgäuer Emmentaler
Inneres:	mattgelb, geschmeidig, elastisch
Lochung:	kirschgroße Lochung, unregelmäßig verteilt
Geschmack:	mild, aromatisch, nußartig
Fettgehalt:	45 % i. Tr.
Reifezeit:	mind. 3 Monate

Finnischer Emmentaler

Ursprung: Schweiz
Herst.-Land: Finnland
Art: Hartkäse
Form: Laib
Größe: ∅ 80–85 cm
Gewicht: 65–85 kg
Äußeres: gelblichbraun, harte Rinde, trocken
Inneres: gleichmäßig gelb, hart
Lochung: bis Walnußgröße
Geschmack: süßlich, nussig bei 3monatiger Lagerung; vollmundiger Nußgeschmack bei 6monatiger Lagerung; kräftig, würzig bei über 9monatiger Lagerung
Geruch: voller Käsegeruch
Fettgehalt: 45% i. Tr.
Reifezeit: mind. 3 Monate, im Handel auch über 12 Monate
Besonderes: Stempel auf der flachen Seite: blau bei 3 Monate gereiftem Käse, rot bei 6 Monate gereiftem Käse, schwarz bei über 6 Monate gereiftem Käse

Jarlsberg

Ursprung: Norwegen
Region: Südnorwegen/Gebiet Jarlsberg
Art: Schnittkäse
Form: Laib
Größe: ∅ 33–35 cm/50–52 cm, Höhe ca. 9–12 cm
Gewicht: ca. 10 kg, unterschiedlich
Äußeres: Rinde seitlich gewölbt, fest, trocken, gelblich – paraffiniert
Inneres: weiß bis gelblich, schnittfest
Lochung: gleichmäßig verteilte große Löcher
Geschmack: mild, nußkernartig, süßlich
Fettgehalt: ca. 45% i. Tr.
Reifezeit: ca. 3 Monate

Leerdammer „Light“

Ursprung:	Niederlande
Art:	harter Schnittkäse (Maasdamer)
Form:	flacher Zylinder, Wölbung auf der Oberseite
Gewicht:	6 kg/12–14 kg
Äußeres:	Rinde goldgelb, glänzend, glatt, meist mit aufgedruckten Namenszug
Inneres:	hell- bis buttergelb, geschmeidig, glatt
Lochung:	viele erbsen- bis walnußgroße Löcher
Geschmack:	mild, nußartig
Fettgehalt:	15 % i. Tr. (leicht), 45 % i. Tr. (Vollfettkäse)
Reifezeit:	ca. 5 Wochen

Rottaler

Herst.-Land:	Deutschland/Bayern
Art:	Schnittkäse
Form:	Laib
Größe:	∅ ca. 30 cm, Höhe ca. 9 cm
Gewicht:	9 kg
Äußeres:	Trockenschmiereoberfläche, rotgelbbraun, mit Kunststoffüberzug
Inneres:	elfenbeinfarbig, glänzend, feine Teigstruktur, schnittfest
Lochung:	unregelmäßig große Löcher
Geschmack:	fein, pikant
Geruch:	feiner, voller Käsegeruch
Fettgehalt:	ca. 45 % i. Tr.
Reifezeit:	3 Monate im Gewölbekeller
Lagerzeit:	Haltbarkeit 8–10 Wochen bei 4–8 °C
Besonderes:	Fließetikett mit der Abbildung vom Kloster Asbach

Svenbo

Ursprung:	Dänemark
Art:	harter Schnittkäse
Form:	flacher Zylinder, rund oder rechteckig
Gewicht:	ca. 12–16 kg
Äußeres:	mit Wachs oder Kunststoff überzogen, gelb, trocken, rindenlos
Inneres:	fest schneidbar, gelblich
Lochung:	zahlreiche runde, große Löcher
Geschmack:	charakteristisch, nußartig
Fettgehalt:	mind. 45 % i. Tr.

Thüringer Kaminkäse

Herst.-Land:	Deutschland (Bayern)
Art:	harter Schnittkäse
Form:	Laib
Größe:	∅ ca. 28 cm, Höhe ca. 9–11 cm
Äußeres:	elfenbeinfarbig bis gelb, matt glänzend
Inneres:	kompakt, hellgelb, geschmeidig
Lochung:	kirschgroße, unregelmäßig verteilte Löcher
Geschmack:	typisch durch die leichte Räucherung, nußartig
Fettgehalt:	45 % i. Tr.
Reifezeit:	mind. 8 Wochen
Lagerzeit:	Haltbarkeit ca. 10 Wochen bei 4–8 °C

Urtaler Laib

Herst.-Land:	Deutschland
Art:	Hartkäse, Bergkäse
Form:	Laib, mühlsteinförmig
Größe:	∅ ca. 50 cm, Höhe ca. 10 cm
Gewicht:	24 kg
Äußeres:	Rinde leicht genarbt, goldgelb, mit leichter Rotschmiere, trocken
Inneres:	vollreif – gelb, schnittfest, kompakt, geschmeidig
Lochung:	nuß- bis kirschgroße Löcher
Geschmack:	angenehm, nußartig, aromatisch bis pikant
Geruch:	kräftiger Bergkäsegeruch
Fettgehalt:	48 % i. Tr.
Reifezeit:	2–3 Monate

Winzer

Ursprung:	Schweiz
Art:	harter Schnittkäse
Form:	flacher Zylinder
Größe:	∅ 32 cm
Gewicht:	ca. 7,5 kg
Äußeres:	dunkelbraune, papierartige, dünne Rinde
Inneres:	strohgelber, fester Teig
Lochung:	einige große, runde Löcher
Geschmack:	würzig
Fettgehalt:	mind. 45 % i. Tr.

Luzerner Rahmkäse

Ursprung: Schweiz
Region: Luzerner Land
Art: harter Rahmschnittkäse
Form: Laib
Größe: ∅ 17 cm
Gewicht: ca. 3,8 kg
Äußeres: gelbe, dünne Rinde mit leichtem Belag
Inneres: strohgelb, glatter Teig
Lochung: vereinzelte Rundlöcher
Geschmack: aromatisch
Fettgehalt: 55 % i. Tr.

Toma

Ursprung: Italien
Region: Provinz Cuneo
Art: Hartkäse
Form: Laib
Größe: ∅ 15–25 cm, Höhe 4–6 cm
Gewicht: 1–4 kg
Äußeres: Rinde dünn, wird bei älterem Käse dicker, stroh- bis goldgelb, fest
Inneres: hell- bis goldgelb, je älter, um so fester
Lochung: sehr geringe feine Lochung
Geschmack: angenehm würzig, leicht salzig
Fettgehalt: 38 %–48 % i. Tr.
Reifezeit: 40 Tage–4 Monate
Besonderes: unter dem selben Namen wird auch Weichkäse hergestellt

Hart-Bergkäse

Brienzer Bergkäse

Ursprung: Schweiz
Region: Innerschweiz
Art: Schnitt-Hartkäse
Form: Laib
Größe: unterschiedlich – ca. 30 cm
Gewicht: unterschiedlich
Äußeres: getrocknete Schmiererinde, hellgelb – weiß – bräunlich
Inneres: schnittfest bis hart
Lochung: kleine runde Löcher, oft auch Spalten
Geschmack: aromatisch mild bis säuerlich
Fettgehalt: 45% i. Tr. (vollfett), 35% i. Tr. (dreiviertelfett), 25% i. Tr. (halbfett), 15% i. Tr. (viertelfett), unter 15% i. Tr. (mager)

Bündner Bergkäse

Ursprung: Schweiz
Region: Graubünden
Art: Hartkäse
Form: Laib
Größe: ∅ 24 cm
Gewicht: 4,2–4,8 kg
Äußeres: trocken, gereifte Rinde mit leichtem Belag
Inneres: strohgelb, glatter Teig hart bis schnittfest
Lochung: keine oder kleine, wenige Rundlöcher
Geschmack: mild, aromatisch, leicht säuerlich
Fettgehalt: 46% i. Tr.

Jura-Bergkäse

Ursprung:	Schweiz
Region:	Innerschweizer Berggebiete
Art:	Schnitt- und Hartkäse
Form:	Laib
Größe:	∅ ca. 30 cm
Gewicht:	verschieden
Äußeres:	ockerfarbige Rinde mit leichter Maserung (Stoffstruktur)
Inneres:	strohgelb, glatter Teig
Lochung:	wenige Rundlöcher, am Rand viele kleiner Löcher
Geschmack:	aromatisch, mild bis etwas säuerlich
Geruch:	kräftig
Fettgehalt:	45% i. Tr.

Nufener Bergkäse

Ursprung:	Schweiz
Region:	Nufener/Bündner Gebiet
Art:	harter Schnittkäse
Form:	Zylinder
Größe:	∅ ca. 18 cm
Äußeres:	gelbbraune gesprenkelte, trockene, feste Rinde
Inneres:	gräulichgelber, fester, leicht bröckeliger Teig
Lochung:	vereinzelt runde Löcher
Geschmack:	aromatisch
Fettgehalt:	46,5% i. Tr.

Toscanello

Ursprung: Italien
Art: halbharter Schnittkäse
Form: Zylinder
Größe: ∅ 18–20 cm, Höhe 8–10 cm
Gewicht: 2,7 kg
Äußeres: Rinde glatt und strohgelb
Inneres: hell strohgelb, weich, kompakt
Lochung: vereinzelte, leichte Lochung
Geschmack: typisch nach Schafmilch bis kräftig aromatisch
Fettgehalt: ca. 48 % i. Tr.

Montasio

Ursprung: Italien
Region: Julisch Venetien
Art: Tafel- und Reibkäse
Form: Zylinder
Größe: ∅ 30–40 cm, Höhe 6–10 cm
Gewicht: 5–9 kg
Äußeres: Rinde elastisch, glatt, leicht rötlich
Inneres: jung – hellgelb, ausgereift – intensiv gelb, kompakt bis körnig, bröckelig
Lochung: leichte, kleine Lochung
Geschmack: jung – mild, süßlich, milchig, gereift – pikant, salzig
Fettgehalt: mind. 40 %–45,2 % i. Tr.
Reifezeit: jung – 2–6 Monate (Tafelkäse), gereift – ca. 12–18 Monate (Reibkäse)

L'Ossau-Iraty-brebis-pyrénées

Ursprung:	Frankreich
Region:	Béarn und Pays basque
Art:	Schaf- und Kuhmilchkäse
Form:	Zylinder
Gewicht:	4–7 kg
Äußeres:	gelborange bis braun, graue Rinde, mit mehligem, hellem Belag
Inneres:	hellgelb, fest, geschmeidig
Lochung:	schlitzlochig
Geschmack:	nußartig
Fettgehalt:	mind. 50 % i. Tr.

Caciotta

Ursprung:	Italien
Region:	Mittelitalien/Toskana, Umbrien, Latium, Marken
Art:	Weichkäse aus Sardinien, Schnittkäse aus Norditalien
Form:	zylindrisch
Größe:	verschieden
Gewicht:	0,2 kg bis 2 kg und mehr
Äußeres:	weiß bis strohgelb, dünne Rinde
Inneres:	weiß bis zart gelb
Lochung:	vereinzelte kleine Löcher
Geschmack:	je nach verwendeter Milch, Kuhmilch – sehr mild, Schafmilch – kräftig und köstlich
Fettgehalt:	mind. 44 % i. Tr.

Gouda

Gouda, jung, mittel, alt, überjährig (von oben nach unten).

Ursprung:	Niederlande
Region:	Provinzen Südholland, Utrecht, Umgebung von Gouda
Art:	Schnittkäse – Extrahartkäse
Form:	Zylinder, Blockform
Größe:	Verhältnis von Höhe zu Durchmesser 1:4 bis 1:3
Gewicht:	Gouda ca. 2,5–15 kg, Gouda-Bauernkäse 2,5–30 kg
Äußeres:	Rinde fest, trocken, strohgelb bis dunkel, oft mit Kunststoff- oder Paraffinüberzug
Inneres:	strohgelb, fest, schnittfest bis krümelig im Alter
Lochung:	geringe, erbsengroße, unregelmäßige Löcher
Geschmack:	jung – rein, leicht säuerlich, mittelalter – herzhaft, pikant, gereift – kräftig, würzig, überjährig – kräftig, leicht salzig
Fettgehalt:	ca. 48 % i. Tr.
Reifezeit:	jung 4–6 Wochen, jung abgelagert 7–12 Wochen, mittelalter 3–6 Monate, Pikantje von Gouda mind. 4 Monate, dreiviertelalt 6–8 Monate, alt 8–12 Monate, überjährige ab 12 Monate

In den Niederlanden wird er Gouda Kaas oder auch Gouda boerenkaas genannt. Letzterer wird ausschließlich auf Bauernhöfen aus Rohmilch hergestellt.

Schon im 16. Jahrhundert wurde dieser Käse in der Umgebung von Utrecht und in der Provinz Südholland hergestellt. Von der dort liegenden Stadt Gouda erhielt er seinen Namen. Auch heute wird er noch in dieser Stadt auf dem im Sommer stattfindenden Käsemarkt versteigert.

Wie kein anderer Käse wird Gouda differenziert nach Altersstufen verkauft, wobei man nach Mai- oder Graskaas (Frühjahrskäse), mittelalt, alt oder überjährig unterscheidet.

Gouda wird zum größten Teil im Alter von 1 bis 6 Monaten verzehrt. Bauerngouda mit 3 bis 6 Monaten, nur 10% der Produktion des älteren Goudas wird im Alter von 6 bis 12 Monaten, der alte Bauerngouda von 9 bis 12 Monaten verzehrt.

Alter Gouda wird oft in geschmolzenem Zustand zu Teigwaren serviert; in Würfel geschnitten, wird er zu Wein oder Schnaps gereicht.

Heute wird Gouda in vielen Ländern produziert, wo er oft unter dem Originalnamen, aber auch vielfach unter anderen Bezeichnungen im Handel ist. Im Gegensatz zu dem niederländischen Produkt gibt es ihn in den anderen Ländern in verschiedenen Fettstufen. Wie in den Niederlanden wird Gouda auch andernorts in Blockform hergestellt.

Kümmel-Gouda

Ursprung: Niederlande
Art: halbfester Schnittkäse, Hartkäse
Form: flacher Zylinder mit gewölbten Seiten
Gewicht: ca. 4–12 kg
Äußeres: Rinde goldgelb, glatt, Kümmel gut sichtbar, Kunststoffüberzug
Inneres: goldgelb, geschmeidig, mit Kreuzkümmel versetzt
Lochung: wenige, unregelmäßige Löcher
Geschmack: würzig, angenehm frisch, aromatisch nach Kümmel
Fettgehalt: 48 % i. Tr.
Reifezeit: 4–8 Wochen
Besonderes: geeignet für indonesische und lateinamerikanische Küche

Ziegengouda

Ursprung: Niederlande
Art: halbharter Schnittkäse, Hartkäse
Form: flacher Zylinder mit abgerundeten Ecken
Größe: ∅ ca. 30 cm, Höhe ca. 9 cm
Gewicht: ca. 3–4 kg
Äußeres: Rinde sehr dünn, hellgelb, meist mit Plastiküberzug
Inneres: hellgelb, evtl. leicht rosafarbig, kompakt
Lochung: sehr wenige, hirsekorngroße Löcher
Geschmack: ausgeprägt, angenehm, nach Ziegenmilch
Fettgehalt: mind. 50 % i. Tr.

Passendale

Ursprung: Belgien
Region: Westflandern, in Passendale
Form: bauernbrotförmig, gewölbter Laib
Gewicht: 3,2 kg
Äußeres: gelbe, mit leichter weißer Flora bedeckte trockene Rinde
Inneres: hell- bis strohgelber, geschmeidiger, schnittfester Teig
Lochung: reichlich Bruchlochung
Geschmack: mild, je nach Reifegrad dezent bis würzig-pikant
Fettgehalt: 50 % i. Tr.
Besonderes: Bauernkäse; mehrfach als „Käse des Jahres" in Belgien ausgezeichnet

Mimolette

Ursprung: Frankreich
Art: halbfester bis harter Schnittkäse
Form: kugelförmig
Größe: ∅ ca. 20 cm
Gewicht: ca. 2,5–4 kg
Äußeres: Rinde trocken, hart, mit und ohne Schimmelwachstum oder kunststoffbeschichtet
Inneres: ockerfarbig, orange, rötlich, schnittfest, speckig bis hart, bröckelig, je nach Reife
Lochung: kirsch- bis erbsengroße Lochung
Geschmack: rein, leicht nußartig, leicht säuerlich und bitter
Fettgehalt: 40 % i. Tr.
Reifezeit: 8 Monate, Schnittkäse 6–8 Wochen, Hartkäse 3–4 Monate

Beaufort

Ursprung: Frankreich
Region: Rhône-Alpes, Provinz Haute-Savoie
Art: Rohmilch-Hartkäse
Form: Laib
Größe: ∅ ca. 30–70 cm, Höhe ca. 9–16 cm
Gewicht: 13–70 kg
Äußeres: Rinde gebürstet, gelb, fest
Inneres: gelb, fettig, speckig, elastisch (nachgewärmter, gepreßter Teig), elfenbeinfarbig
Lochung: nur wenige Löcher, kleine Spaltlöcher möglich
Geschmack: milchig, mild, aromatisch, leicht salzig, nussig
Fettgehalt: mind. 50 % i. Tr.
Besonderes: Die Erzeugung ist nur für das Gebiet Beaufortin-Tarentaise in Savoie beschränkt.

Cantal

Ursprung: Frankreich
Region: (auch „Fourme du Cantal“ genannt), benannt nach der gleichnamigen Landschaft im französischen Zentralmassiv
Art: Hartschnittkäse
Form: hoher Zylinder
Größe: variabel: ∅ ca. 30–50 cm, Höhe ca. 30–40 cm
Gewicht: 30–45 kg; Cantalets ca. 8–10 kg
Äußeres: Rinde gelb-, grauweiß, leicht mehlig, orangerote Flecken
Inneres: blaßgelb, schnittfest, geschmeidig; vollreif – leicht brüchig, trocken
Lochung: wenig Spalten (keine Lochung)
Geschmack: erdig, bitter leicht; vollreif – pikant, scharf (manchmal seifig bei Rohkuhmilch)
Fettgehalt: 45 % i. Tr.
Reifezeit: junger Käse: 1 Monat, mittelalter: 2–6 Monate, reifer: über 6 Monate, alter: bis 1 Jahr
Besonderes: als Frischkäse unter den Namen bekannt: Aligot, Tomme d’Aligot, Tomme fraîche, sollen innerhalb von 48 Stunden verbraucht sein

Comté

Ursprung: Frankreich
Region: Franche-Comté
Art: Hartkäse
Form: Laib (Mühlstein)
Größe: ∅ ca. 40–65 cm, Höhe ca. 9–13 cm
Gewicht: 20–55 kg
Äußeres: Rinde gebürstet, goldgelb bis braun, trocken, fest (getrocknete Schmiere)
Inneres: elfenbeinfarbig bis hellgelb, fest, speckig, geschmeidig
Lochung: ungleichmäßige erbsen- und kirschkerngroße Lochung
Geschmack: (durch die Schmierebildung) aromatisch
Fettgehalt: mind. 45 % i. Tr.
Reifezeit: 4–5 Monate

Tête de Moine

Ursprung: Schweiz
Region: Berner Jura
Art: halbfester, fettreicher Käse mit Schmierebildung, Hartkäse
Form: Hochzylinder
Größe: ∅ 11–15 cm, Höhe ca. 12 cm
Gewicht: 1–2 kg, 4–8 kg
Äußeres: Rinde mit rötlichbrauner Schmiere
Inneres: gelblich, fein, weich, butterartig, fest
Lochung: kleine Löcher
Geschmack: mild, würzig
Fettgehalt: 50,6 %–55 % i. Tr.
Reifezeit: 4–6 Monate
Besonderes: auch Bellelay genannt

Asiago pressato

Ursprung:	Italien
Region:	Venetien und Friaul
Art:	halbfetter Hartkäse
Form:	zylindrisch
Größe:	∅ 38–41 cm, Höhe 11–13 cm
Gewicht:	ca. 11–13 kg
Äußeres:	glatte, strohgelbe Rinde
Inneres:	kompakt, weiß bis hell strohfarben
Lochung:	unregelmäßige, mittelgroße Lochung
Geschmack:	angenehm frisch und leicht
Geruch:	feiner Milchgeruch
Fettgehalt:	ca. 44 % i. Tr.
Reifezeit:	20–40 Tage
Besonderes:	frisch als Tafelkäse, später zum Kochen

Bitto

Ursprung:	Italien
Region:	Lomellina (Lombardei)
Art:	Hartschnittkäse
Form:	Laib
Größe:	∅ 40–45 cm, Höhe 12–13 cm
Gewicht:	15–20 kg
Äußeres:	glatte, gelblichrote Rinde
Inneres:	weißlich bis strohfarbig
Lochung:	reichlich, mittelgroß
Geschmack:	angenehm, leicht säuerlich
Fettgehalt:	ca. 40 %–45 % i. Tr.
Reifezeit:	2–3 Monate
Besonderes:	Der Bitto ist dem Asiago sehr ähnlich.

Asiago d'Allevo

Ursprung: Italien
Region: Venetien und Friaul
Art: halbfetter Hartkäse
Form: zylindrische Form
Größe: ∅ 32–45 cm, Höhe 8–12 cm
Gewicht: 8–12 kg
Äußeres: glatte, hellbraune Rinde
Inneres: kompakt, hellgoldgelb
Lochung: kleine bis mittelgroße Löcher
Geschmack: delikater Milchgeschmack, mit zunehmender Reifung würzig
Geruch: pikant
Fettgehalt: mind. 24 % i. Tr.
Reifezeit: 6–12 Monate
Besonderes: jung Tafelkäse, gereift auch als Reibkäse

Ragusano pepato

Ursprung: Italien
Region: Sizilien
Art: Hartkäse
Form: Quader mit abgerundeten Ecken
Größe: ∅ 10–15 cm
Gewicht: 5–12 kg
Äußeres: Rinde weißlich bis gelblich, keine Einkerbungen von den Aufhängeschnüren
Inneres: Farbe weiß bis leicht strohgelb, kompakt, halbfest bis fest, krümelig, mit Pfefferkörnern
Lochung: unterschiedliche Lochung
Geschmack: junger Käse – mild, wenig ausgeprägt, gereifter Käse – würzig, pikant, scharf
Fettgehalt: mind. 44 % i. Tr.
Reifezeit: 3–10 Monate
Besonderes: jung als Tafelkäse, nach 6 Monaten als Reibkäse, wird manchmal geräuchert

Tío Quentin

Ursprung: Spanien
Form: zylindrisch, leicht nach außen gewölbte Oberflächen
Größe: ∅ 18 cm, Höhe 9 cm
Gewicht: 2,7–3 kg
Äußeres: schwarze, dünne, fettige Rinde mit Korbmaserung
Inneres: strohgelber, kompakter, leicht fettiger Teig
Lochung: Schlitz- und Bruchlochung
Fettgehalt: 53 % i. Tr.
Reifezeit: bis 12 Monate

El Monasterio

Ursprung: Spanien
Form: zylindrisch, leicht nach außen gewölbter Rand
Größe und Gewicht: Cabra: ∅ ca. 11 cm, Höhe ca. 7 cm, 1,5–1,6 kg
Oveja: ∅ ca. 11 cm, Höhe ca. 7 cm, ca. 3 kg
Tierno: ∅ ca. 11 cm, Höhe ca. 7 cm, 1–3 kg
Fresco: ∅ ca. 11 cm, Höhe ca. 7 cm, 1–3 kg
Semicurado: ∅ ca. 7 cm, Höhe ca. 7 cm, 1–3 kg
Äußeres: speckige, dünne Rinde mit Korbmaserung, Cabra rotbraun, Oveja ocker bis mittelbraun, Tierno und Fresco blaßgelb, Semicurado dunkelbraun
Inneres: strohgelber, weicher bis harter Teig, je nach Reifegrad
Lochung: eventuell leichte Bruchlochung
Fettgehalt: 50 %–53 % i. Tr.
Reifezeit: Cabra 45–60 Tage, Oveja 5–6 Monate, Tierno 6–8 Wochen, Semicurado 3–4 Monate

Medalla de Oro

Ursprung: Spanien
Art: Hartkäse
Form: Zylinder
Größe: ∅ 19 cm, Höhe 10 cm
Gewicht: 2,7–3 kg
Äußeres: Rinde schwarz, dünn, mit Korbmaserung
Inneres: blaß strohgelber, kompakter Teig
Lochung: Schlitzlöcher
Geschmack: würzig, leichte Schärfe
Fettgehalt: 53 % i. Tr.
Reifezeit: bis 12 Monate

Roncal

Ursprung: Spanien
Region: Navarra, Valle del Roncal
Form: Zylinder mit flachen Oberflächen
Größe: ∅ 12 cm, Höhe 7–12 cm
Gewicht: ca. 1 kg
Äußeres: hellgelbe bis dunkelbraune, manchmal gefleckte, fettige, glatte, harte, dicke Rinde
Inneres: hell- bis strohgelber, poriger, fester, trockener Teig
Lochung: eventuell leichte Bruch- oder Schlitzlochung
Geschmack: feine, leicht pikante Note
Fettgehalt: 60 % i. Tr.
Reifezeit: 4–12 Monate

Manchego

Ursprung:	Spanien
Region:	La Mancha
Form:	Zylinder
Größe:	∅ 21 cm, Höhe 8–10,5 cm
Gewicht:	2,5–3,3 kg
Äußeres:	strohgelbe, trockene, gefurchte, von Schimmel gereinigte Rinde, vielfach gelb paraffiniert, schwärzliche Rinde, wenn in Olivenöl aufbewahrt, Abdruck von Korbgeflecht auf der Oberfläche
Inneres:	weißer bis elfenbeinfarbener, elastischer, rahmartiger Teig, jedoch fest bis hart
Lochung:	geschlossen, wenig kleine, runde Löcher
Geschmack:	jung wenig ausgeprägt, ausgereift ausgeprägt, typisch
Fettgehalt:	50%–62% i. Tr.
Reifezeit:	Manchego fresco frisch oder bis 5 Tage, Manchego curado 20 Tage bis 3 Monate, Manchego viejo mehr als 3 Monate, Manchego en aceite zur Konservierung in Olivenöl eingelegt

Larrun

Ursprung:	Spanien
Form:	zylindrisch, mit abgerundeten Kanten
Größe:	∅ 20 cm, Höhe 8 cm
Gewicht:	1–3 kg
Äußeres:	rotbraune, glatte, dünne, speckige Rinde
Inneres:	elfenbeinfarbener bis hellgelber, glatter, fester Teig
Lochung:	keine
Fettgehalt:	ca. 45% i. Tr.
Besonderes:	geräuchert (leicht)

Idiazabal

Ursprung: Spanien
Region: Baskenland
Form: zylindrisch, mit leicht ausgewölbten Seiten
Größe: ∅ 16–25 cm, Höhe 8–12 cm
Gewicht: 1–2 kg
Äußeres: harte, trockene, glatte, geräucherte Rinde
Inneres: gelber, fester Teig
Lochung: vereinzelt kleine, unregelmäßig runde, hirsekorngroße Löcher
Geschmack: charakteristisch und etwas geräuchert
Fettgehalt: 53 % i. Tr.
Reifezeit: 1 Monat
Besonderes: nur 1 Jahr haltbar

Zamorano

Ursprung: Spanien
Region: Alto Deva (Baskenland)
Form: Zylinder
Größe: ∅ ca. 17 cm, Höhe ca. 10 cm
Gewicht: ca. 2–2,5 kg
Äußeres: Rinde schwarzbraun bis braun, dünn, fettig, leicht porig, geräuchert
Inneres: Teig elfenbeinfarbig bis blaßgelb, fest
Lochung: kleine bis erbsengroße, vereinzelte Löcher
Geschmack: rauchig, scharf, sahnig, säuerlich
Geruch: leicht rauchig, säuerlich
Fettgehalt: ca. 45 %–55 % i. Tr.
Lagerzeit: ca. 4 Monate

Extrahartkäse

Parmigiano-Reggiano

Ursprung:	Italien
Region:	Provinzen Parma, Bologna, Reggio Emilia, Modena, Mantua
Art:	halbfetter Hartkäse
Form:	Zylinder
Größe:	∅ 35–45 cm, Höhe 18–24 cm
Gewicht:	24–36 kg
Äußeres:	Rinde dunkel, strohfarbig, am Rand mit eingebranntem Schriftzug „Parmigiano-Reggiano“
Inneres:	hart, feinkörnig, strohgelb
Lochung:	fast keine
Geschmack:	vollmundig, würzig, nußartig
Fettgehalt:	mind. 32 % i. Tr.
Reifezeit:	1 Jahr = nuovo = jung – als Tafelkäse, 2 Jahre = vecchio = alt – als Koch- und Reibkäse, 3 Jahre = stavecchio = sehr alt – in Stückchen zerteilt als Dessert, Reifung 2 Jahre (wenigstens 2 Sommer)
Besonderes:	Zum Zerteilen benötigt man ein mandelförmiges Spezialmesser.

Spricht man von Extrahartkäse, denkt der Käsekenner nicht nur an den seit sieben Jahrhunderten immer nach gleichem Rezept hergestellten Parmigiano-Reggiano, sondern sicher auch an den ähnlichen Grana padano, den Fiore sardo und den sizilianischen Pecorino oder an einen der spanischen Extrahartkäse.

Aber keiner dieser Käse hat den Ruf des Parmigiano-Reggiano. Seine Herstellung wird streng überwacht von dem Konsortium des Parmigiano-Reggiano mit Sitz in Reggio nell'Emilia. Ihm unterstehen etwa 950 Käsereien, die diesen Käse nur aus Rohmilch der Sommermonate vom 1. April bis zum 11. November herstellen. Für 1 kg dieses Käses werden 16 l Milch gebraucht, die Lagerzeit beträgt, obwohl er nach 6 Monaten schon genußreif ist, 2 bis 3 Jahre.

Das Datum seiner Herstellung ist in der Rinde eingebrannt, wenn er den Anforderungen der Kommission entspricht. Mit dem Wort „Export“ wird ihm seine beste Qualität bescheinigt. Nur so wird der Parmigiano-Reggiano zur Ausfuhr freigegeben.

Inzwischen wird in vielen Ländern ähnlicher Käse hergestellt und wird meist als Parmesan oder ähnlich bezeichnet. Falsch ist es jedoch, wenn jeder geriebene Käse als Parmesan bezeichnet wird.

Es gibt viele andere Hartkäse, die durch gute Lagerung zu einem vorzüglichen Extrahartkäse werden. Sie werden als Dessertkäse, zum Überbacken oder zum Kochen verwendet oder verleihen als Reibekäse den verschiedenen Speisen einen besonderen Geschmack.

Extrahartkäse

Grana padano

Ursprung:	Italien
Region:	Norditalien
Art:	halbfetter Hartkäse
Form:	Zylinder
Größe:	∅ ca. 35–45 cm, Höhe ca. 18–25 cm
Gewicht:	24–40 kg
Äußeres:	Rinde dunkel oder gelbgold, trocken, geölt, mit dem Stempel „PADANO“
Inneres:	weißlich bis strohfarbig, hart, feinkörnig
Lochung:	kleine Lochung
Geschmack:	fresco = jung – zart, delikat, vecchio = gereift – süßlich, würzig
Fettgehalt:	32 % i. Tr.
Reifezeit:	12–24 Monate
Besonderes:	spezielle Messer zum Schneiden erforderlich

Sbrinz oder Spalen genannt

Ursprung:	Schweiz
Region:	Kanton Luzern, Zug, Aargau
Art:	Hart-Reibe- und Hobelkäse
Form:	Laib, Block
Größe:	∅ 50–70 cm, meist 55 cm, Höhe 10–14 cm, meist 12,5 cm
Gewicht:	20–45 kg
Äußeres:	trockene, feste bis harte, gelbe bis hellbraune Rinde oder ohne Rinde
Inneres:	cremefarbig bis gelblich, trocken, fest, mürbe, keine Fadenziehung beim Kochen
Lochung:	geringe stecknadelkopfgroße Lochung
Geschmack:	pikant, aromatisch
Fettgehalt:	45 %–49 % i. Tr.
Reifezeit:	Sbrinz – 1½–2 Jahre Spalen – 1–1½ Jahre

(Parmesan) Mon Rocco

Ursprung: Italien
Region: Deutschland (Allgäu)
Art: Hart- und Reibekäse nach italienischer Art
Form: frisch gerieben als Parmesan, in Folie eingeschweißt
Gewicht: 50 g und 1 kg
Äußeres: körnig, gerieben, gelb
Lochung: keine
Geschmack: volles Aroma
Fettgehalt: 32 % i. Tr.

Greyerzer

Ursprung: Schweiz
Region: französische Schweiz
Art: Hartkäse
Form: Laib, Randseite kaum gewölbt
Größe: ∅ 40–65 cm, Höhe 9–13 cm, Blockform
Gewicht: 20–50 kg
Äußeres: Rinde rötlichbraun, feuchte Schmiere, welche sich in kleine Häufchen zusammenzieht, als wäre die Oberfläche mit Körnchen bestreut
Inneres: elfenbeinweiß, leicht gelblich, Teigbeschaffenheit feiner als der Emmentaler, eher fett-weich
Lochung: wenige, teils erbsengroße Löcher, der Prima-Greyerzer darf wenige kleine Spalten haben
Geschmack: wie Edamer, voller und pikanter, der süßliche Geschmack des Edamers fehlt
Fettgehalt: 45 % i. Tr.
Reifezeit: 8–12 Monate
Besonderes: auf der Oberfläche strahlenförmiger Stempel SWITZERLAND GRUYÈRE – SWITZERLAND GREYERZER

Canestrato siciliano

Ursprung: Italien
Region: Kalabrien – Cotronese, Basilicata – Moliterno, Sizilien – Canestrato tipo siciliano
Art: Hart- und Reibkäse
Form: Laib
Größe: verschiedene Größen
Gewicht: ca. 3–5 kg, 8–18 kg und 30 kg
Äußeres: glänzend, gelbbraun, Abdrücke der Korbform sichtbar
Inneres: strohgelb, fest
Lochung: geschlossen bis spärliche Lochung
Geschmack: pikant bis salzig
Fettgehalt: mind. ca. 40 % i. Tr.
Reifezeit: ca. 6 Monate, wird auch frisch nach einigen Tagen gegessen, nach einem halben Jahr für Reibkäse geeignet
Besonderes: Canestrato pepate = Canestrato mit Zusatz von Pfefferkörnern, oft in Schichten

Pecorino romano

Ursprung: Italien
Region: Mittelitalien, Latium und Sardinien
Art: Hart- und Reibkäse, Schafkäse
Form: Zylinder
Größe: ∅ 20–30 cm, Höhe 14–30 cm
Gewicht: 6–22 kg
Äußeres: Rinde strohgelb, glatt, kann auch braun gefärbt sein
Inneres: weißlich bis zart strohgelb, kompakt, rauh
Lochung: vereinzelt
Geschmack: charakteristisch, pikant
Fettgehalt: 30 %–45 % i. Tr.
Lagerzeit: 8 Monate
Besonderes: teils eingebranntes Siegel an der Järbseite, Pecorino sardo = auf Sardinien hergestellt

Pecorino semicotta

Ursprung: Italien
Region: Sardinien
Art: Schnitt- und Reibkäse
Form: zylindrisch
Größe: ∅ 20–22 cm, Höhe 10–15 cm
Gewicht: 1,5–3,5 kg
Äußeres: feste Rinde, strohgelb bis braun
Inneres: weiß bis leicht strohfarben, Teig weich bis körnig, je nach Reife
Lochung: klein, vereinzelt
Geschmack: aromatisch bis pikant, über 6 Monate Reife pikant
Fettgehalt: 42%–45% i. Tr.
Reifezeit: 3 Monate bis 1 Jahr
Lagerzeit: ab 3monatiger Lagerung – weich, servierfähig, ab 8monatiger Lagerung – volle Reife, ab 10monatiger Lagerung – härter, körnig

Pecorino siciliano pepato

Ursprung: Italien
Region: Sizilien
Art: Hart- und Reibkäse, Schafkäse
Form: leicht flacher Zylinder
Gewicht: 3–5 kg, 8–12 kg
Äußeres: glänzend gelbgrau, mit leichtem Abdruck der Korbstruktur
Inneres: weiß bis hell strohgelb, Teig mit Pfefferkörnern durchsetzt
Lochung: keine bis spärliche Lochung
Geschmack: pikant, manchmal salzig
Geruch: herzhaft, würzig
Fettgehalt: mind. 40% i. Tr.
Reifezeit: bis 6 Monate
Besonderes: wird auch als Reibkäse für Teigwaren verwendet

Fiore sardo

Ursprung: Italien
Region: Sardinien, Provinz Latium, Aqualino, Sabiner
Art: harter Schafkäse
Form: quadratisch, rund oder kegelförmig
Größe: Breite 20 cm, Höhe 5 cm
Gewicht: 1,5–4 kg
Äußeres: Rinde kräftig gelb bis dunkelbraun
Inneres: Teig weiß bis strohgelb, fest
Geschmack: sehr pikant, je nach Reifegrad charakteristisch stärker
Lochung: unterschiedlich kleine Löcher
Fettgehalt: ca. 40 % i. Tr.
Reifezeit: 3 bis ca. 6 Monate
Besonderes: jung – Tafelkäse, gereift – nach 6 Monaten Reibkäse

Fior di capra

Ursprung: Italien
Region: Sardinien
Art: harter Schnittkäse
Form: Zylinder
Größe: ∅ 20 cm, Höhe ca. 5 cm
Gewicht: 1,5–3 kg
Äußeres: Rinde dünn, strohgelb
Inneres: Farbe weißlich bis strohgelb, Teig bröckelig
Lochung: fast keine Löcher
Fettgehalt: mind. 40 % i. Tr.

Pepato

Ursprung:	Italien
Region:	Sardinien
Art:	Hart- und Reibkäse, Schafkäse
Form:	Korbform
Gewicht:	ca. 18 kg
Äußeres:	Rinde weiß bis leicht strohgelb
Inneres:	strohgelb, mit schwarzem Pfeffer durchsetzt
Geschmack:	aromatisch, pikant, typisch
Lochung:	zahlreiche kleine Löcher
Fettgehalt:	ca. 38%–40% i. Tr.
Reifezeit:	mind. 6 Monate

Fior del Gerrei

Ursprung:	Italien
Region:	Sardinien
Art:	Hartkäse
Form:	Laib
Größe:	∅ ca. 19 cm, Höhe ca. 8–9 cm
Gewicht:	ca. 3 kg
Äußeres:	Rinde naturgewachsen, fest, beigefarbig
Inneres:	fest, körnig, beigefarbig
Lochung:	vereinzelte kleine Löcher
Geschmack:	würzig
Fettgehalt:	mind. 40% i. Tr.

Olmützer Quargel

Olmützer Quargel

Ursprung:	Österreich/Tschechei
Herst.-Land:	Deutschland
Art:	Sauermilchkäse mit Rotschmiere (aus Sauermilchquark)
Form:	zusammengefaßte Scheiben
Größe:	∅ ca. 4,5 cm – Länge ca. 10 cm
Gewicht:	ca. 125 g
Äußeres:	Oberfläche glatt, goldbräunliche Schmiere
Inneres:	hellgelb, schnittfest, geschmeidig
Lochung:	geschlossen
Geschmack:	leicht säuerlich, kräftig, pikant
Fettgehalt:	Magerstufe, 10% i. Tr. (und darunter)

Sauermilchkäse dürfte eine der am längsten bekannten Käsearten sein, wenn nicht überhaupt die bekannteste.

Der Vorgang, daß Milch sauer wird, ist natürlich und erfolgt auch ohne jeden Zusatz wie Lab oder künstliche Säuerungsmittel.

Den abgetropften Quark in kleine Formen zu geben und ihn zu salzen, ist auch nichts Besonderes.

Erwähnt wurde der Produktionsvorgang zwar erst Ende des 18. Jahrhunderts, als eine Schweizer Familie im Harz Käseherstellung als Gewerbe errichtete. Daher stammt wohl auch der Name Harzer Käse. Unter dieser Sammelbezeichnung sind viele deutsche Sauermilchkäse bekannt.

Ob der aus Tirol bekannte Quargel oder der Tiroler Graukäse schon früher bekannt waren oder ob der Sauermilchkäse aus der Tschechoslowakei stammt, wo der Sauermilchkäse um diese Zeit erwähnt wird, ist wahrscheinlich nicht nachvollziehbar.

Gemeinsam ist diesen Käsen, daß fast alle aus Magerquark hergestellt sind und einen sehr niedrigen Fettgehalt aufweisen. Sie werden verfeinert durch eine Rotschmierebehandlung oder mit einer Edelschimmelkultur, gewürzt mit Kümmel oder Paprika.

Als passendes Getränk wird hierzu gerne Most oder Bier gereicht.

Tiroler Graukäse

Ursprung:	Österreich
Region:	Tirol
Art:	Sauermilchkäse
Form:	Laib, Brot, Stange
Größe:	Laib: ∅ 18–25 cm, Höhe 15–25 cm Brot: ∅ 25 cm, Breite und Höhe 12 cm
Gewicht:	250 g–3 kg
Äußeres:	Rinde mit Rissen, dünn, blaugrau bis grüngrau, Schimmelbelag, oder rindenlos
Inneres:	trocken bis speckig, marmoriert, gelbweiß
Lochung:	keine
Geschmack:	säuerlich, im Alter schärfer
Fettgehalt:	0%–2% i. Tr.
Reifezeit:	12–24 Tage
Besonderes:	Käse wird meist mit Essig, Öl und Zwiebeln gegessen

Sauermilchkäse

Harzer Handkäse

Ursprung: Deutschland
Region: Niedersachsen, Harz
Art: Sauermilch-Magerkäse
Form: Taler, zur Rolle gereiht
Größe: ∅ ca. 5 cm
Gewicht: ca. 125 g–250 g
Äußeres: Rotschmiererinde speckig, goldbraun
Inneres: speckig, goldbraun bis heller Kern
Lochung: keine
Geschmack: kräftig, nach Kümmel
Fettgehalt: weniger als 1 % i. Tr.

Harzer Korbkäse (Edelschimmel)

Ursprung: Deutschland
Region: Niedersachsen, Harz
Art: Sauermilchkäse
Form: flacher Zylinder
Größe: ∅ ca. 8 cm, Höhe ca. 3 cm
Gewicht: ca. 200 g
Äußeres: rindenlos, leichter Schimmelbelag auf gelblich glasigem Käseteig
Inneres: jung – weißbröckelig
gereift – bräunlich gallertartig, weißer Schimmelquerstrich in der Teigmitte
Lochung: keine Lochung
Geschmack: mildaromatisch
Fettgehalt: unter 1 % i. Tr.

hausgemachter Bauern-Handkäse

Ursprung:	Deutschland
Region:	Harz
Art:	Sauermilchkäse
Form:	flacher Laib
Größe:	∅ ca. 8 cm, Höhe ca. 2 cm
Gewicht:	ca. 125 g–300 g
Äußeres:	Schmiererinde trocken, gelblich, mit leichtem weißen Schimmel, manchmal mit Kümmel
Inneres:	gelblich, glasig, mit hellem Kern
Lochung:	keine
Geschmack:	feinwürzig
Geruch:	mild, zunehmend strenger
Fettgehalt:	1,9%–2% i. Tr.

Edelroller

Ursprung:	Deutschland
Art:	Sauermilchkäse, Harzer (Kümmelstangenkäse)
Form:	Stange
Größe:	verschiedene Größen, Länge ca. 13 cm, Breite ca. 3 cm
Gewicht:	ca. 60–125 g
Äußeres:	Schmiererinde dünn, gelbbräunlich, mit Kümmel
Inneres:	gelbbräunlich, glasig, kompakt, heller Kern
Lochung:	keine
Geschmack:	würzig
Geruch:	zunehmend streng
Fettgehalt:	Magerkäse weniger als 1% i. Tr., 0,5% i. Tr.

Feta

Feta-Käse, in Öl oder in eine Salzlake mit Kräutern eingelegt, sollte in keiner Küche fehlen.

Feta oder Käse nach Feta-Art ist heute in aller Welt bekannt und begehrt. Seine Heimat ist das südliche Europa. Schon im antiken Griechenland war er ein Volksnahrungsmittel, in der Türkei fehlt er in keiner Küche, und in Bulgarien gehört er zum täglichen Brot. Hier ist er fast immer aus reiner Schafsmilch, und aus dieser hergestellt, ist er, so sagt man, auch der beste.

Längst verwendet man Feta auch in Mitteleuropa für Salate oder in gekochten oder gebackenen Speisen.

Der einstmals nur aus Schafsmilch hergestellte Feta kommt zum Beispiel in Griechenland auch mit einem Zusatz von Ziegenmilch in den Handel. Der Hauptanteil, der vor allem in Großkäsereien hergestellt wird, ist heute aus reiner Kuhmilch gefertigt. Länder wie Dänemark, Deutschland und andere exportieren diesen Käse heute in großen Mengen.

Der in Salzlake eingelegte Feta bleibt in Plastik- und Blechkanistern lange haltbar und ist darin leicht zu transportieren. Man legt ihn gerne mit Gewürzen und in Pflanzenöl oder auch in Lake ein, um ihn so als Dessertkäse oder in Salaten zu genießen.

Obwohl vielfach angenommen wird, daß Feta ausschließlich aus Schafsmilch besteht, trifft das nicht zu, es gibt auch Feta-Käse von Ziegenmilch oder Kuhmilch.

Feta-Käse in Lake

Griechischer Schafskäse mit Ziegenmilch in Salzlake

Ursprung:	Griechenland
Art:	Feta, Schafs- und Ziegenkäse, in Lake gereift
Form:	Brote, Stücke, rechteckig verpackt
Gewicht:	Kanister 8–16 kg, Eimer 4 kg, Schale 2 kg, Brote 2 kg, Stücke 200 g
Äußeres:	weißlich, in Kanister, Eimer, Schale
Inneres:	weiß bis leicht elfenbeinfarben
Lochung:	unregelmäßige Lochung
Geschmack:	aromatisch, typisch
Fettgehalt:	über 50 % i. Tr.

Bulgarischer weißer Schafkäse in Salzlake

Ursprung:	Bulgarien
Art:	Weichkäse in Salzlake
Gewicht:	0,9 kg/1,8 kg/16 kg/250 kg
Äußeres:	rindenlos, weißlich, in Plastikbehälter oder Kanister
Inneres:	weißlich, kompakt
Lochung:	wenig, vereinzelt
Geschmack:	leichter, typischer Schafmilch-geschmack, etwas salzig
Fettgehalt:	50 % i. Tr.
Besonderes:	nicht zu verwechseln mit dem bulgarischen weißen Kuhkäse in Salzlake

Feta (Käse in Lake)

Ursprung: Griechenland und Balkanländer
Herst.-Land: Deutschland (Ostfriesland)
Art: Frischkäse, in Lake
Gewicht: 150 g/250 g bis 650 g
Äußeres: rindenlos, weiß, in Becher
Inneres: weißlich bis gelblich, cremig
Lochung: keine
Geschmack: mild bis säuerlich, pikant
Feta mild – mild
Feta Kräuter – mit Kräutern
Feta Pfeffer – mit Pfeffer
Fettgehalt: 40%–60% i. Tr.

Französischer Schafkäse in Lake

Ursprung: Frankreich
Art: halbfetter Schafschnittkäse
Form: rechteckig, abgepackt in Lake
Äußeres: rindenlos, elfenbeinfarbig
Inneres: halbfest, elfenbeinfarbig, leicht bröckelig
Lochung: unregelmäßig
Geschmack: typischer Schafmilchgeschmack, salzig, aromatisch
Fettgehalt: ca. 25% i. Tr. (Halbfettstufe), ca. 45% i. Tr.

Register

A

Acorn 151
Albuminkäse 79
Aligot 174
Allgäuer Emmentaler 160
Allgäuer Emmentaler Herzstück 160
Amalthée 64
Ami du Chambertin 53
Anke-Zieger 155
Anrichten von Käse 31
Appenzeller 129
Aragón, auch Tronchón 147
Asiago d'Allevo 177
Asiago pressato 176

B

Baby-Brood-Edammer 140
Baby-Edammer 140
Bad Aiblinger 108
Banon Chèvre 91
Bauerngouda 171
Bauern-Handkäse 193
Bauern-Reblochon 117
Beaufort 174
Bellelay 175
Bel Paese 131
Bergkäse, Brienzer 166
Bergkäse, Bündner 166
Bergkäse, Jura 167
Bergkäse, Nufener 167
Bierkäse 58
Bierkäse, Pinzgauer 112
Bierwürfel, Miesbacher 58
Big Banon 49
Bitto 176
Blasius 60
Blasius Blue 60
Blasius Kräuter 60
Blasius Tradition 60
Blauschimmelkäse 94 ff.
Bleu d'Auvergne 96
Bleu de Chèvre Le Bleuet 104
Bleu des Causses 97
Blue Cheshire 100
Blue Stilton 101
Bon Bleu 97
Boscaiola 128
Boterkaas 120
Boulette d'Avesnes 66
Boulette de Cambrai 66
Boursault 51
Boursin 72
Bresso 71, 102
Bresso mit grünem Pfeffer oder Kümmel 63
Bresso, Weichkäsetorte 45
Brie (Champignon de Luxe) 43
Brie de Meaux 42
Brie Isifrance 43
Brienzer Bergkäse 166
Brillat-Savarin 67, 74
Brin d'Affinois 46
Brood-Edammer 140
Buches aromatisées 90
Bulgarischer weißer Schafkäse 196
Bündner Bergkäse 166
Burrata di Andria 78
Butirri 78
Butterkäse 121

C

Cacio 150
Caciocavallo 156
Cacio di grana 150
Cacio fiere aguilano 150
Cacio lodigiano 150

Cacio lombardo 150
Cacio parmigiano 150
Cacio reggiano 150
Caciotta 169
Caerphilly 152
Calet de l'Est 48
Cambozola 103
Camembert 39
Camembert de Normandie 36
Canestrato pepate 186
Canestrato siciliano 186
Cantal 174
Caperon d'Auvergne 109
Caprin 89
Caprini (klein) 83
Caprino (groß) 83
Carré de l'Est 55
Cashel Blue 101
Castello Blue 96
Chabi 88
Chabichou 88
Chabichou-de-Cahaunay 88
Chabichou-de-Civray 88
Champignon de Luxe 43, 62
Chaource 50
Chaumes 60
Cheddar 152
Chèvre d'Affinois 92
Clacbitou 88
Coburger Mohr 119
Cœur de Chèvre 87
Colombière 117
Coloured Cheshire 149
Comté 175
Cornish Yarg 132
Coulommiers 44
Coverdale Cheese 146
Cremeroll 109
Crottin de Chavignol 86

D

Da Capo 145
Dallenwiler Geisskäse 64
Danablu 96
Danbo 144
Dan Slot 73
Dauphin 55
Délice de Bourgogne 50
Délice de Saligny 67, 75
Der alte Mommark 122
Derby, verfeinerter 143
Dofino 123
Dolce Bianca 103
Double Gloucester 148
Double Gloucester mit blauem Stilton 149
Dunsyre Blue 100
Durrus 133

E

Edamer (Deutscher) 141
Edammer kaas 140
Edelroller 193
Edelschimmelkäse 16, 192
Elbo 126
El Monasterio 178
Emmentaler 158
Emmentaler, Allgäuer 160
Emmentaler, finnischer 161
Epoisses 57
Esrom 113
Explorateur 75

F

Farmhouse Cheddar 133
Farmi 70
Farmi soft 70
Feta 194, 197
Feta-Lakekäse 17
Fett im Käse 18, 194 ff.
Filatakäse 76
Finnischer Emmentaler 161
Fino 72
Fino Classico 72
Fino Verde 72
Fior del Gerrei 189
Fior di capra 188
Fiore sardo 188
Fleur Verte 89
Fontal 136
Fontina 136
Formaggio di capra 85
Formaggio di monti 138
Fourme du Cantal 174
Frankenrolle 108
Französischer Schafkäse 197
Freiburger Vacherin 130
Frischkäse 15, 67 ff.
Fromage des Troyes 74
Fromage extrafin aux herbes 48

G

Geheimratskäse 140
Geheimratskäse Don Padre 141
Geisberger, Original 65
Geißkäse 64
Giganti 157
Glarner Alpkäse 154
Gorgonzola dolce 98
Gorgonzola piccante 98
Gouda 170
Gouda boerenkaas 171
Gouda kaas 171
Gourmos 73
Grana padano 184
Gras kaas 171
Graukäse, Tiroler 191
Greyerzer 185
Griechischer Schafskäse 196
Gruyère 185
Gudbrandsdalsost 155

H

Hardanger Ziegenkäse 151
Hart- und Extrahartkäse 16, 154 ff.
Harzer Handkäse 192
Harzer Korbkäse 192
Hauerkäse, südsteirischer 106
Havarti 123
Höhlenkäse 145
Hüttenkäse 69
Hytteost 69

I

Idiazabal 181
Inntaler 124
Italico 139

J

Jarlsberg 161
Jausenkäse 124
Jura-Bergkäse 167

K

Kaminkäse, Thüringer 163
Käse lagern 21
Käse teilen 21
Käse und Wein 26 ff.
Kaškawal 156
Kernhemse kaas 115
Klosterkäse 111, 116, 121
Knappenkäse, steirischer 118
Kordonnet Bellicini 102
Kordonnet Finello 99
Kordonnet San Cremel 46
Kräuterkäse 62
Kümmel-Gouda 172
Kümmelstangenkäse 193

L

Labkäse 13
La Galette 48
Lanark Blue 105
Lancashire 153
Lappi 127
Larrun 180
Leerdammer „Light" 162
Le Queton d'Isigny 42
Levraux 85
Limburger 58
Livarot 56
L'Ossau-Iraty-brebis-pyrénées 169
Luzerner Rahmkäse 165

M

Mahón 147
Maikaas 171
Manchego 180
Manchego curado 180
Manchego en aceite 180
Manchego fresco 180
Manchego viejo 180
Mandarini 157
Manouri 82
Marenda 135
Maroilles 54
Marolles 54
Mascarpone 82
Mascherpone 82
Medalla de Oro 179
Melloni 157
Miesbacher Bierwürfel 58
Mimolette 173
Mommark, Der Alte 122
Mönchkäse 113
Mondseer 125
Mon Rocco 185
Montasio 168
Monte Caprino 93
Morbier 117
Morlacco 139
Mozzana 157
Mozzana-Kugel 76
Mozzarella 76, 77
Mozzarella di bufala 77
Munster 56

Register

Münsterkäse 111
Murecker 120
Mutschli 129

N

Neufchâtel 51
Noblesse 40
Nufener Bergkäse 167

O

Obatzter 66
Österzola 99
Olmützer Quargel 190
Oltermanni 127
Original Geisberger 65
Original Murecker 120
Original Weihenstephan 66

P

Pancette 157
Pancettoni 157
Parmesan 185
Parmigiano-Reggiano 182
Passendale 173
Pastor Picón 105
Pave d'Affinois 45
Pecorino romano 186
Pecorino sardo 186
Pecorino semicotta 187
Pecorino siciliano pepato 187
Pélardon 87
Pencaerag 41
Pepato 189
Père Joseph 115
Philadelphia 70
Picandou fermier 84
Pinzgauer Bierkäse 112
Pithiviers au foin 49
Pont l'Evéque 54
Prestige de Bourgogne 52
Provole 157
Provolone 157
Pyrenäenkäse 137

Q

Quargel, Olmützer 190
Quark 68
Quartirolo 107
Queso de Mahón 147

R

Raclettekäse 134
Ragusani 157
Ragusano pepato 177
Rahmcamembert 38
Rahmkäse, Luzerner 165
Rahmlimburger 59
Rahmweinkäse 61
Ramee Royal 44
Reblochon 117
Reblochon fermier 117
Red Leicester 148
Ricotta 79
Ricotta di pecora 81
Ricotta di vacca 81
Ricotta piemontese 79
Ricotta pecorina 79
Ricotta romana 80, 81
Ricotta salata 80, 81
Ricotta salata affumicata 81
Ricotta salata al forno 81
Ricotta secca 81
Ricotta siciliana 81
Ricotta sardina 81
Ricotta tipo dolce 81
Ricotta tipo forte 81
Ricotta tipo moliterno 81
Ricotta vaccina 81
Robiola del Becco 83
Robiola Osella 83
Roc du Nontroneis 93
Rohmilchkäse 13
Rollot 53
Romadur 59
Roncal 179
Roquefort 94
Rotschmiere-schnittkäse 112
Rottaler 162
Rougette 47
Rygeost 71

S

Sage Derby 143
Sage Lancashire 153
Saint-Albray 61
Sainte-Maure 92
Saint Killian 41
Saint-Nectaire 116
Saint-Pierre 67, 84
St. Marei 111, 113
St. Patron 114
St. Severin 116
Salami 157
Samsø 144
Sauermilchkäse 17, 190 ff.
Sbrinz 184
Scamorza 78
Schabzi(e)ger 155
Schaf(s)käse 196, 197
Schichtkäse 69
Schnittarten 22–25
Schnittkäse 16, 106 ff.
Schweizer Tilsiter 122
Selchkäse, steirischer 119
Selles-sur-Cher 86
Skirrid 150
Smoked Cheddar 153
Soumaintrain 52
Spalen 184
Steinbuscher 110
Steirischer Knappen-käse 118
Steirischer Selchkäse 119
Stilton 33, 101, 149
Subenhara 142
Südsteirischer Hauerkäse 106
Svenbo 163

T

Taleggio 128
Teifi 143
Tête de Moine 175
Tetilla 146
Thurgauer 130
Thüringer Kaminkäse 163
Tilsiter 123
Tilsiter, Schweizer 122
Tío Quentin 178
Tiroler 112
Tiroler Graukäse 191
Toggenburger 131
Toma 165
Toma lacuvia 40
Tomme au fenouil 132
Tomme au marc 132
Tomme d'Aligot 174
Tomme de Belleville 132
Tomme de Boudane 132
Tomme de Chèvre 91
Tomme de Revard 132
Tomme de Savoie 132
Tomme fraîche 174
Tomme in der Schweiz 39
Tomme Rustique 38
Topfen 68
Topolino 157
Toscanello 168
Trappista 137
Trappistenkäse 137
Traunseer Raclette 135
Trautenfelser 104
Tundra 126

U

Urner 138
Urtaler Laib 164
Usius 63
Usius Blauschimmel 63
Usius grüner Pfeffer 63
Usius pur 63

V

Vacherin à la fondue 130
Vacherin à la main 130
Vacherin fribourgeois 130
Vacherin Mont d'Or 32, 57
Vacherin pour fondue 130
Vacherin pour la main 130
Valencay/Levroux 85
Vignotte 47

W

Walliser Raclettekäse 134
Waterloo 114
Wedmore with Chives 142
Weichkäse 15, 36 ff.
Weichkäsetorte (Bresso) 45, 63
Weihenstephaner 38
Weinkäse 110
Weißer Prinz 65
Weißlacker 106
Weinvorschläge 28/29
White Stilton 101
Winzer 164
Wolfacher 125
Wolfachtaler 112

X

Xenia 82

Z

Zamorano 181
Ziegen-Cornilly 89
Ziegengouda 172
Ziegenkäse, Hardanger 151
Ziegenmilch-camembert 65
Zi(e)gerkäse 79
Ziegerstöckli 155
Ziegette 118